Peter Hennen
Musiktherapie als Hilfe zur Erziehung

Frankfurter Texte zur Musiktherapie

herausgegeben von

Eckhard Weymann

Masterstudiengang Musiktherapie
Fachhochschule Frankfurt am Main

zeitpunkt musik
Reichert Verlag 2010

Peter Hennen

Musiktherapie als Hilfe zur Erziehung

Therapeutische Leistungen im Auftrag der Jugendhilfe

zeitpunkt musik
Reichert Verlag 2010

Bibliografische Information der Deutschen Nationalbibliothek
Die Deutsche Bibliothek verzeichnet diese Publikation in der Deutschen Nationalbibliografie;
detaillierte bibliografische Daten sind im Internet über http://dnb.ddb.de abrufbar.

Gedruckt auf säurefreiem Papier
(alterungsbeständig – pH 7, neutral)

Dr. Ludwig Reichert Verlag Wiesbaden 2010
www.reichert-verlag.de
ISBN: 978-3-89500-741-5

Printed in Germany

Inhalt

Vorwort des Herausgebers

Die vorliegende Untersuchung, die als musiktherapeutische Masterarbeit (2007) am Fachbereich Soziale Arbeit und Gesundheit der Fachhochschule Frankfurt verfasst wurde, führt den Leser in spannungsreiche Gefilde. Die Organisationsstrukturen und Arbeitsweisen der Kinder- und Jugendhilfe, wie sie hierzulande praktiziert werden und rechtlich im KJHG verankert sind, werden aus der Sicht der Musiktherapie, die sich im Kern als psychotherapeutischen Ansatz begreift, kritisch angeschaut. Dabei zeigen sich Lücken und Paradoxien der gegenwärtigen Organisation des Hilfebedarfs von Kindern und Jugendlichen, aber auch Chancen zur Kooperation.

Peter Hennen hat selbst als Sozialarbeiter fundierte Erfahrungen in diesem Feld gesammelt, die er jetzt mit musiktherapeutischen Kenntnissen neu reflektiert. Mit großem Engagement und Genauigkeit werden die rechtlichen Bedingungen untersucht, unter denen Musiktherapie im Hilfesystem verankert werden könnte. Es geht um nichts Geringeres als die Implementierung psychotherapeutischer Ansätze in ein Feld sozialer Arbeit. Brisanz bekommt dieser Versuch durch die dadurch berührten Fragen zum Selbstverständnis sowohl in der sozialen Arbeit als auch unter psychotherapeutisch arbeitenden Musiktherapeuten. Es geht um Annäherungen und Abgrenzungen, um den Hilfebedarf von Kindern und Jugendlichen (und ihren Familien) in Notlagen, um Lösungsansätze – und damit geht es auch um Geld.

In einer Zeit, in der die „klassischen" Felder der Musiktherapie (etwa Psychosomatik, Psychiatrie) längst nicht mehr zentral sind, in der es um die Erschließung neuer Arbeitsbereiche bzw. die angemessene Verankerung musiktherapeutischer Angebote in außerklinischen Feldern (soziale Arbeit, Pädagogik) geht, kommt einer solchen Untersuchung große Bedeutung zu. Engagiert, genau und höchst sachkundig argumentiert Peter Hennen für eine Erweiterung der Grenzen der klassischen Erziehungshilfen hin zu therapeutischen Settings. Seine Argumente leuchten ein und zeugen von großer Sensibilität und Wahrnehmungsschärfe in Bezug auf die Phänomene und Probleme in der gegenwärtigen Kinder- und Jugendhilfe. Die Einschätzung, dass nicht selten die (vorherrschende) systemische Perspektive dazu verleitet, die individualtherapeutischen Potentiale von Psychotherapie nicht angemessen auszuschöpfen, erscheint sehr plausibel.

Nicht zuletzt bietet Hennen einen Leitfaden an, musiktherapeutische Angebote so zu konzipieren, dass sie in Sprache und Duktus in die vorhandene Denkumgebung passen – ohne dabei ihre Eigenart zu verraten. Zur Nachahmung empfohlen!

Im Februar 2010 — Eckhard Weymann

Einleitung

Längst haben Musiktherapeuten Stellen im Bereich der Kinder- und Jugendhilfe inne. Vielfach knüpfen sie dabei an ihre berufliche Vorgeschichte an. Sofern sie innerhalb eines Kinder- und Jugendheims, einer Tagesgruppe oder einer Erziehungsberatungsstelle tätig sind, arbeiten sie bereits im Bereich der „Hilfe zur Erziehung".

Da auf die Gewährung dieser Hilfemaßnahme nach dem Kinder- und Jugendhilfegesetz ein Rechtsanspruch besteht, ist der öffentliche Jugendhilfeträger, also das zuständige Jugendamt, Kostenträger der Maßnahme. Das Jugendamt finanziert die jeweilige Einrichtung und damit indirekt auch die dort beschäftigten Musiktherapeuten.

Vor diesem Hintergrund stellt sich die Frage, ob für Musiktherapeuten auch die Möglichkeit in Betracht kommen könnte, ihre musiktherapeutische Leistung dem Jugendamt direkt anzubieten. Dieser Weg würde neue Möglichkeiten der Finanzierung, bzw. Kostenübernahme für die Musiktherapie eröffnen.

Mit dieser Arbeit möchte ich einen Beitrag dazu leisten, Musiktherapie im Maßnahmenkatalog der „Hilfe zur Erziehung" zu etablieren. Dabei geht es einerseits darum, Musiktherapie in bereits bestehende Institutionen und Maßnahmen der „Hilfe zur Erziehung" zu integrieren. Andererseits soll ein Konzept der Musiktherapie als „ambulante Hilfe zur Erziehung" entwickelt werden, das den öffentlichen Trägern der Jugendhilfe angeboten werden kann.

Dahinter steht das Anliegen, Musiktherapie im Bereich der Kinder- und Jugendhilfe nicht länger im Dunkel von unübersichtlichen Institutionen und unangemessenen Stellenbeschreibungen zu verstecken. Die Möglichkeiten der „Musiktherapie als Hilfe zur Erziehung" müssen nach außen kommuniziert und gegenüber den Kostenträgern offensiv vertreten werden.

Inhaltlich ist diese Arbeit folgendermaßen gegliedert:

Zunächst werden in Kapitel 1 die verschiedenen Aufgaben- und Leistungsbereiche der Kinder- und Jugendhilfe vorgestellt und auf die Option der Implementierung von Musiktherapie hin untersucht.
Im Folgenden fokussiert die Arbeit inhaltlich den Teilbereich der „Hilfe zur Erziehung".

Zunächst werden in Kapitel 2 die Ergebnisse einer kleinen Studie vorgestellt. Hauptziel dieser Untersuchung war es, herauszufinden, welche Bedeutung dem Bereich „Hilfe zur Erziehung" in Bezug auf die Finanzierung von Musiktherapie im Bereich der ambulant tätigen Musiktherapeuten bisher zukommt.

In dieser Arbeitsphase bestand die Hoffnung, einen auf diesem Gebiet der Kinder- und Jugendhilfe tätigen Musiktherapeuten für ein Experteninterview gewinnen zu können.

In Kapitel 3 steht die Beschäftigung mit dem sozialrechtlichen Hintergrund der „Hilfe zur Erziehung" im Vordergrund.

Da es auch darum geht, Musiktherapie innerhalb des bisher bestehenden Methodenkanons der „Hilfe zu Erziehung" anzuwenden, erfolgt in Kapitel 4 eine kurze Darstellung der klassischen, etablierten Formen der „Hilfe zur Erziehung". Die Beschreibung der Erziehungshilfen wurde bewusst von der Diskussion über die Implementierung der Musiktherapie in eben diese getrennt. Der im Bereich der „Hilfe zur Erziehung" versierte Leser kann Kapitel 4 folglich überspringen.

Anschließend geht es im 5. Kapitel um die Entwicklung eines – für den Bereich „Hilfe zur Erziehung" – geeigneten Musiktherapiebegriffs. Die Frage, mit welchem Selbstverständnis sich Musiktherapie in diesem Bereich präsentiert, ist in Verbindung mit der (lang währenden) Diskussion über die Anerkennung der Musiktherapie als Psychotherapie zu begreifen.

Kapitel 6 zeigt die Grenzen der klassischen Erziehungshilfen auf und liefert Argumente für den Einsatz von Musiktherapie als „Hilfe zur Erziehung".

Nun kann in Kapitel 7 mit den Möglichkeiten der Implementierung von Musiktherapie in das Angebot der klassischen Erziehungshilfen fortgefahren werden. Hier wird bereits berücksichtigt, ob die jeweilige Leistung auch von Freiberuflern erbracht werden kann.

Im weiteren Verlauf dieser Arbeit liegt der Interessensschwerpunkt auf einer freiberuflichen, musiktherapeutischen Tätigkeit im Bereich der „Hilfe zur Erziehung".

Dementsprechend beschäftigt sich Kapitel 8 mit dem rechtlichen Hintergrund der Leistungserbringung.

Wie ein Konzept der „Musiktherapie als Hilfe zur Erziehung" aussehen könnte, stellt Kapitel 9 dar.

Schließlich sollte ein „Praxis-Test" unternommen werden. Die Idee war, ein entsprechendes Konzept (Musiktherapie als ambulante Hilfe zur Erziehung) bei einem ausgewählten Jugendamt vorzustellen. Im Anschluss an die Präsentation sollte eine Gruppendiskussion mit den Mitarbeitern des Jugendamts durchgeführt werden. So hätte sich abgebildet, welche Möglichkeiten und Chancen die Mitarbeiter der öffentlichen Kinder- und Jugendhilfe in einem solchen Projekt sehen, bzw. welche Vorbehalte und Bedenken sie gegenüber der „Musiktherapie als Hilfe zur Erziehung“ ins Feld führen.

Leider konnte dieser letzte Schritt nicht mehr unternommen werden. Zwar bestand Kontakt zu einem Jugendamt, das sich für dieses Vorhaben bereit erklärte, jedoch musste der Termin wegen andauernder Krankheit einiger Mitarbeiter ständig verschoben werden.

Somit fällt der Praxisbezug dieser Arbeit wesentlich geringer aus, als ursprünglich geplant. Das Feld der „Hilfe zur Erziehung“ und seine Potentiale für die Musiktherapie werden nun leider nur qua Aktenlage diskutiert.

Ich verstehe diese Arbeit als eine Grundlage für den Ausbau musiktherapeutischer Arbeit auf dem Gebiet der Kinder- und Jugendhilfe, speziell dem Gebiet der „Hilfe zur Erziehung“.

Die Möglichkeiten der „Musiktherapie als Hilfe zur Erziehung“ in der Praxis des „Erziehungshilfesystems“ zu untersuchen könnte zum Gegenstand eines zukünftigen, eigenständigen Forschungsprojekts werden.

1 Das KJHG und seine Bedeutung für die Musiktherapie

Da Musiktherapie kein kassenzugelassenes Verfahren ist, scheidet für sie die Kostenübernahme durch die gesetzlichen Krankenkassen in aller Regel aus. Deshalb, und weil sich Musiktherapie auch an Menschen außerhalb des Systems der Krankenfürsorge richtet, besteht für sie die Notwendigkeit nach alternativen Finanzierungsmöglichkeiten Ausschau zu halten. Dort, wo Musiktherapeuten Leistungen im Sinne des Kinder- und Jugendhilfegesetzes erbringen, kann die Kostenübernahme durch die Träger der öffentlichen Jugendhilfe (die örtlichen Jugendämter) in Betracht gezogen werden. Daher ist es für Musiktherapeuten von Interesse, sich mit dem diesbezüglichen Gesetz zu befassen.

Das Kinder- und Jugendhilfegesetz (KJHG) der Bundesrepublik Deutschland ist im achten Buch der Sozialgesetzbücher (SGB VIII) kodifiziert. KJHG und SGB VIII, sowie die Bezeichnung Kinder- und Jugendhilferecht werden in der Praxis synonym verwendet.

Mit dem Inkrafttreten des KJHGs hat die fast 30jährige Geschichte der Jugendhilferechtsreform ein Ende gefunden; das KJHG löste 1990 das bis dahin gültige Kinder- und Jugendhilferecht – das Jugendwohlfahrtsgesetz (JWG) – ab.[1] Damit ist das KJHG weitgehend die aktualisierte Beschreibung einer schon zuvor real existierenden Jugendhilfe, es steht in der Traditions- und Entwicklungslinie des bisherigen Jugendhilferechts.[2]

1.1 Musiktherapie als Leistung nach dem KJHG

Wenn Musiktherapeuten die örtlichen Jugendämter als Kostenträger heranziehen wollen, müssen sich ihre Leistungen auf die Rechtsvorschriften und Allgemeinen Grundsätze des KJHGs beziehen. Das Jugendamt wird wahrscheinlich nur dann zur Kostenübernahme bereit sein, wenn für den jungen Menschen, bzw. dessen Sorgeberechtigten ein Rechtsanspruch auf eine Leistung nach dem KJHG besteht und die Musiktherapie eine geeignete Methode zur Erreichung der Ziele nach dem KJHG darstellt.

1.1.1 Allgemeine Grundsätze des KJHG

> „Jeder junge Mensch hat ein Recht auf Förderung seiner Entwicklung, und auf Erziehung zu einer eigenverantwortlichen und gemeinschaftsfähigen Persönlichkeit."[3]

1 Münder (1996), 353
2 ebd.
3 §1 Abs. 1 SGB VIII

Die Jugendhilfe soll zur Verwirklichung dieses Rechts u. a. junge Menschen in ihrer individuellen und sozialen Entwicklung fördern sowie Erziehungsberechtigte bei der Erziehung beraten und unterstützen.[4] Die Förderung des jungen Menschen umfasst Erziehung, Bildung und Betreuung und bezieht sich auf die soziale, emotionale, körperliche und geistige Entwicklung.[5]

Die Aufgaben und Leistungen der Kinder- und Jugendhilfe sind in §2 SGB VIII formuliert. Um die Jugendämter zu einer Kostenübernahme der Musiktherapie heranziehen zu können, muss Musiktherapie eine Leistung im Sinne des §2 Abs. 2 SGB VIII darstellen. Die Leistungen der Jugendhilfe umfassen:

- Angebote der Jugendarbeit, der Jugendsozialarbeit und des erzieherischen Kinder- und Jugendschutzes (§§11 bis 14),
- Angebote zur Förderung der Erziehung in der Familie (§§16 bis 21),
- Angebote zur Förderung von Kindern in Tageseinrichtungen und in Tagespflege (§22 bis 25),
- Hilfe zur Erziehung und ergänzende Leistungen (§27 bis 35 und 36, 37, 39, 40),
- Hilfe für seelisch behinderte Kinder und Jugendliche (Eingliederungshilfe) und ergänzende Leistungen (§35a bis 37, 39,40),
- Hilfe für junge Volljährige und Nachbetreuung (§41).

Wenn Musiktherapie im Rahmen des KJHGs angeboten und finanziert werden soll, muss sie einem dieser sechs Leistungsbereiche zugeordnet werden. Im Folgenden beschreibe ich die verschieden Leistungsbereiche der Kinder- und Jugendhilfe im Hinblick auf ihre Bedeutung für die Musiktherapie.

1.2 Einsatzbereiche für Musiktherapie

1.2.1 Angebote der Jugend- und Jugendsozialarbeit

In diesem Bereich der Kinder- und Jugendhilfe sind vor allem Angebote der Jugendpflege zu finden. Das ist z. B. die Arbeit in einem Jugendhaus. Auch dieser Bereich kann ein potentielles Betätigungsfeld für Musiktherapeuten darstellen. Tendenziell kommt der Musik hier jedoch eine andere Bedeutung als in der klinischen Musiktherapie zu. In der Jugendarbeit sind vor allem Bandworkshops, Hip-Hop-Projekte, Recording-Workshops usw. angesiedelt. Dabei steht – verglichen mit Musiktherapie – der Produktcharakter der Musik stärker im Vordergrund; die Arbeit ist vordergründig auf einen musikalisch-künstlerischen Output gerichtet. Die pädagogischen Ziele werden qua-

4 Vgl. hierzu §1 Abs. 3 SGB VIII
5 ebd. §22 Abs. 3

si „durch die Hintertür" erreicht. Damit möchte ich auf den Umstand hinweisen, dass die Jugendlichen an diesen Angeboten der Jugendhilfe eher aus einem Interesse an der musisch-künstlerischen Tätigkeit teilnehmen, als um pädagogische oder therapeutische Ziele zu erreichen. Deshalb werden bei dieser Art der Jugendarbeit die pädagogisch-therapeutischen Ziele häufig nicht offen kommuniziert.

Die Frage, welchen Beitrag Musiktherapie in diesem Kontext leisten kann, wird in dieser Arbeit nicht weiter verfolgt.

1.2.2 Förderung der Erziehung in der Familie

Leistungen zur Förderung der Erziehung in der Familie sind u. a. Angebote der Familienbildung, der Beratung in allgemeinen Fragen, sowie Angebote der Familienfreizeit und Familienerholung. Im Kern sind folgende Aufgaben mit ihr verbunden:

- Entlastung der Erziehungsberechtigten von belastenden sozialen und ökonomischen Rahmenbedingungen,
- Vermittlung von Einsicht und Einüben neuer Verhaltensweisen,
- Aktivierung von Selbsthilfekräften.[6]

Der Beratungsauftrag ist hier allgemeiner und unspezifischer als in der Erziehungsberatung (§28) gefasst. Das Beratungsangebot kann jederzeit, ohne besondere Indikation in Anspruch genommen werden. Die Beratung im Bereich der „Förderung der Erziehung in der Familie" kann auch von freien Trägern als Einzelperson erbracht werden, sie versteht sich als funktionale Beratung und ist von der institutionellen Erziehungsberatung (§28) abzugrenzen; es handelt sich um eine besonders niederschwellig ansetzende ergänzende Beratung.[7]

Für Musiktherapie scheint dieser Bereich von geringer Bedeutung. Inhaltlich fordert die Beratung nach §§17 und 18 auch rechtliche Kompetenzen, die nicht im Bereich der Musiktherapie liegen. Das gilt z. B. für Fragen des Unterhaltsrechts, des Umgangsrechts, rechtliche Fragen bei Trennung und Scheidung, usw.

Es wäre aber noch zu prüfen, ob die Beratung der an der Erziehung beteiligten Personen – die in Verbindung mit einer ambulanten Erziehungshilfe durchgeführt wird und nicht unter die Voraussetzungen der institutionellen Erziehungsberatung (§28) fällt – durch die Vorschriften und den bestehenden Rechtsanspruch im Leistungsbereich der §§16 bis 18 in Anspruch genommen werden kann.

---

6 Münder (2003), 194 / §16 Rz. 3

7 Vgl. hierzu Münder (2003), 196 / §16 Rz. 8, 9

1.2.3 Förderung von Kindern in Tageseinrichtungen

Unter den Oberbegriff Tageseinrichtungen fallen Kinderkrippen, Krabbelstuben, Kindergärten, Kinderhorte und vergleichbare Einrichtungen. Die rechtliche Grundlage ist im dritten Abschnitt des SGBVIII in den §§22-26 formuliert. „Die Vorschrift erfasst nur Einrichtungen für Kinder, die noch nicht 14 Jahre alt sind (§7 Abs. 1 Nr. 1)."[8] Für Jugendliche kommt bei entsprechendem „erzieherischem Bedarf" (→ Kap. 3.1.1) die „Betreuung in einer Tagesgruppe gemäß §32 in Betracht."[9] Die Betreuung in einer Tagesgruppe ist Teil der „Hilfe zur Erziehung" (§27). Auch wenn eine „Tagesgruppe" ihrem Wesen nach eine „Tageseinrichtung" darstellt, gelten für sie die Rechtsvorschriften des vierten Abschnitts des SGBVIII. Der folgende Abschnitt bezieht sich nur auf „Tageseinrichtungen" im Sinne des dritten Abschnitts SGBVIII.

Der Förderauftrag der Tageseinrichtungen umfasst Erziehung, Bildung und Betreuung und bezieht sich auf die soziale, emotionale, körperliche und geistige Entwicklung.[10] Dabei geht es „[...] um die Bereitstellung von Infrastruktur für alle Kinder, jenseits von einer Einzelfallindizierung."[11] Daher muss sich Musiktherapie im Bereich der Tageseinrichtungen am Allgemeinen Förderungsauftrag orientieren. Der Einsatz psychotherapeutischer Methoden scheint hier nicht angebracht, da – wie dargelegt – nicht von der Einzelfallindikation ausgegangen werden kann.

Musiktherapie kann sich hier mit dem Ziel der Förderung der sozialen und emotionalen Entwicklung jenseits der Psychotherapie positionieren.

Für Kinder, die eine über diese allgemeine Förderung hinausgehende Unterstützung benötigen, kommt u. a. die Erziehung in einer Tagesgruppe in Betracht (→ Kap. 4.6).

1.2.4 Hilfe für seelisch behinderte Kinder und Jugendliche

Aus einer internen Datenerhebung des „Netzwerks ambulant und freiberuflich tätiger Musiktherapeuten" geht hervor, dass 1999 17% der durchgeführten Kindermusiktherapien und 36% der Jugendmusiktherapien durch die Jugendämter finanziert wurden.[12] Dabei werden die Ergebnisse nicht weiter nach ihrer jeweiligen Leistung differenziert. Es gibt im Datenmaterial keinen eindeutigen Hinweis darauf, auf welchen Leistungsbereich des KJHGs sich die durchgeführten Therapien bezogen und auf der Grundlage welcher Rechtsvorschrift sie bewilligt wurden. Allerdings heißt es in der Studie:

---

8 Münder (2003), 238 / §22 Rz. 3
9 ebd.
10 §22 Abs. 3 SGB VIII
11 Münder (2003), 230 / Vor§22 Rz. 2
12 Wormit et al. (2001), 166ff

> „Der Schwerpunkt bei den Kindertherapien ist im wesentlichen auch durch gesetzliche Regelung entstanden. Da häufig nach Aussagen der ärztlichen Gutachter Patienten der Diagnosekriterien F8 und F9 wesentlich behindert oder von Behinderung im Sinne des §39 BSHG und den Vorschriften der Eingliederungshilfeverordnung bedroht waren, erfüllten sie die Indikationskriterien für Eingliederungshilfe, wodurch Jugendämter und Träger der Sozialhilfe als Kostenträger in Frage kamen."[13]

Daraus kann geschlossen werden, dass es sich bei den durchgeführten Kinder- und Jugendtherapien, zu deren Kostenübernahme die Jugendämter herangezogen wurden, im wesentlichen um Leistungen der Eingliederungshilfe gemäß §35a SGB VIII handelte.

Auch WAGNER weist in seinem Artikel „Freiberuflich ambulante Musiktherapie in Deutschland" auf die Bedeutung der Eingliederungshilfe und entsprechende Regelungen bezüglich der Kostenübernahme hin.[14]

Um Leistungen der Eingliederungshilfe zu erhalten, ist insbesondere gefordert, dass die seelische Gesundheit des Kindes oder Jugendlichen mit hoher Wahrscheinlichkeit länger als sechs Monate von dem für sein Lebensalter typischen Entwicklungsstand abweicht und dadurch seine Teilhabe am Leben in der Gesellschaft beeinträchtigt ist oder eine solche Beeinträchtigung zu erwarten ist.[15]

Kinder und Jugendliche mit autistischem Syndrom oder hirnorganischen Störungen gehören zur klassischen Klientel des §35a.

In der Fachdiskussion wird der Ausdruck „seelische Behinderung" unterschiedlich interpretiert.

> „Eigentlich gibt es keine klaren Festlegungen, wann ein Junge oder ein Mädchen „seelisch behindert" ist. Dies könnte daher einen besonders wilden Jungen ebenso betreffen, wie ein besonders verschlossenes Mädchen."[16]

Die Detailfragen und gegensätzlichen Auffassungen bezüglich der Gewährung von Eingliederungshilfen werden hier nicht weiter verfolgt. Festzuhalten ist, dass Hilfen nach §35a für gewöhnlich nur in Zusammenhang mit einer ärztlichen, bzw. psychiatrischen Diagnose gewährt werden.

Der Bereich der Eingliederungshilfe nach §35a SGBVIII kann als ein bereits erschlossenes Arbeitsgebiet für Musiktherapeuten gelten (→ Kap. 2.1).

---

13 ebd.

14 Wagner (2005), 180f

15 Marburger (2007), 26

16 Bundsarbeitsgemeinschaft der Landesjugendämter / Internationale Gesellschaft für erzieherische Hilfen [Hrsg.] (2003), 48f

1.2.5 Hilfe zur Erziehung (HzE)

Hilfe zur Erziehung nach §27ff SGB VIII stellt eine weites Feld dar. Zu diesem Bereich zählen sowohl ambulante Einzelfall- und Familienhilfen, als auch teilstationäre und stationäre Maßnahmen. Typisches Beispiel einer teilstationären Hilfe ist die „Erziehung in einer Tagesgruppe" (§32 SGB VIII), unter stationäre Maßnahmen fallen die „Heim- und Fremdunterbringung". Im Ambulanten Bereich sind die „Sozialpädagogische Familienhilfe", der „Erziehungsbeistand" und die „Soziale Gruppenarbeit" angesiedelt. Darüber hinaus findet sich im ambulanten Bereich der HzE eine Vielzahl unterschiedlicher flexibler Konzepte.

In der musiktherapeutischen Literatur wird dem Bereich der HzE bislang kaum Aufmerksamkeit geschenkt. Regelmäßig finden sich zwar Veröffentlichungen, die die praktische musiktherapeutische Arbeit in diesem Bereich darstellen, es jedoch versäumen, einen Bezug zu der entsprechenden rechtlichen Grundlagen und der Möglichkeit der Kostenübernahme durch den öffentlichen Träger der Jugendhilfe herzustellen. Dies kann daran liegen, dass musiktherapeutische Arbeit auf dem Gebiet der HzE nicht als solche mit dem Jugendamt (direkt) abgerechnet wird. Stattdessen werden – zumindest im teilstationären und stationären Bereich – Tagessätze zwischen Jugendhilfeeinrichtung und Jugendamt vereinbart, die die Kosten der jeweiligen Regelleistungen abdecken. So findet – beispielsweise in der Heimerziehung – musiktherapeutische Gruppenarbeit statt, ohne jedoch in das mit dem Jugendamt vereinbarte Leistungsangebot aufgenommen zu sein.

Über die Möglichkeit der Implementierung von Musiktherapie in den Kanon der ambulanten Hilfen zur Erziehung liegen bisher keine Publikationen vor.

Einen Hinweis darauf, dass Psychotherapeuten Leistungen der HzE erbringen und damit zum freien Träger der Jugendhilfe werden, findet sich bei FROHNE-HAGEMANN: Nach Information der Bundesärztekammer und der Psychotherapeutenkammer zu Berlin ist es nicht bekannt, wie viele Kinder- und Jugendpsychotherapeuten „Eingliederungshilfen" oder „Hilfen zur Erziehung" in Kooperation mit den Jugendämtern auf Basis des KJHG anbieten.[17]

Wenn also Kinder- und Jugendpsychotherapeuten „Hilfen zur Erziehung" in Kooperation mit den Jugendämtern anbieten, sollte dies auch für Musiktherapeuten möglich sein.

Der Arbeitsbereich der HzE ist aus folgenden Gründen Gegenstand dieser Arbeit:

17 Frohne-Hagemann, Pleß-Adamczyk (2005), 19

- da dieser Bereich in der bisherigen musiktherapeutischen Literatur vernachlässigt wurde;
- weil er ein potentielles Arbeitsfeld für Musiktherapeuten darstellt;
- weil HzE Möglichkeiten für die Finanzierung von Kinder- und Jugendmusiktherapie eröffnet;
- weil er auch für ambulante und freiberufliche Musiktherapeuten interessant ist.

2 Musiktherapie im Bereich der HzE

In der musiktherapeutischen Literatur sind Veröffentlichungen verfügbar, die sich mit der Durchführung von Musiktherapie in Einrichtungen der teilstationären und stationären HzE auseinandersetzen. SCHÄFER (1976) stellt den Einsatz von Musiktherapie in einer Notunterkunft für Kinder und Jugendliche dar. In DECKER-VOIGT et al. (1977) wird die Musiktherapie in der Heimerziehung allgemein diskutiert, ein Praxisteil bietet Anregungen für Spiel- und Improvisationsideen. GÜNTHER (1992) beschreibt die „Pädagogische Musiktherapie" mit Kindern in Heimeinrichtungen.

Für den Bereich der Erziehungsberatung liegen ebenfalls Veröffentlichungen vor, beispielsweise BEIMERT (1985).

Noch keinen Niederschlag in der Literatur hat hingegen der Stellenwert der HzE für ambulant tätige Musiktherapeuten gefunden.

Da der ambulante Bereich der HzE in der musiktherapeutischen Literatur kaum beachtet wird, er aber aus meiner Sicht ein potentielles Beschäftigungsfeld für ambulant tätige Musiktherapeuten darstellt, sollte eine kleine empirische Studie ausgewählter Musiktherapeuten zeigen, welcher Stellenwert diesem Bereich in der bisherigen musiktherapeutischen Praxis zukommt.

2.1 Ergebnisse einer Umfrage

Die Befragung wurde unter 26 ambulant tätigen Musiktherapeuten durchgeführt, die nach eigenen Angaben ihre musiktherapeutische Leistung mit den Trägern der öffentlichen Jugendhilfe abrechnen.

Diese Stichprobe kam durch eine Auswahl anhand besonderer Merkmale aus der Adressliste ambulant tätiger Musiktherapeuten auf der Homepage des DGMT zustande. Die Adressliste umfasst 209 Eintragungen (Stand 31.12.2006).

Insgesamt geben 120 der 209 (57%) Musiktherapeuten „Erstattungsverfahren nicht möglich" an.

Immerhin 26 der 209 (12%) aufgelisteten Musiktherapeuten gaben als besonderes Merkmal: „Erstattungsverfahren möglich" und „Jugendamt" oder „KJHG" an.

Einmal tauchte die Kombination „Erstattungsverfahren nicht möglich" und „Kostenübernahmen durch Jugend- und Sozialämter" auf.

Die genaue Unterscheidung zwischen „Erstattungsverfahren" und „Kostenübernahme" ist hier nicht weiter von Belang. Bis auf die genannte Ausnahme war der Hinweis auf das KJHG oder die Jugendämter immer mit dem Merkmal „Erstattungsverfahren möglich" kombiniert.

Es gilt festzuhalten, dass ca. 13% der hier gelisteten Musiktherapeuten auf die Möglichkeit der Finanzierung ihrer Leistung durch die öffentlichen Träger der Jugendhilfe hinweisen.

Es kann davon ausgegangen werden, dass dieser kleine Kreis über eine entsprechende Kenntnis auf dem Gebiet des Kinder- und Jugendhilferechts verfügt. Die Befragung richtete sich gezielt an diesen Expertenkreis.

Die Fragen wurden offen gestellt und sollten im Ergebnis Aussagen darüber zulassen,

- ob es bereits ambulant tätige Musiktherapeuten im Bereich der HzE gibt,
- auf welcher rechtlichen Grundlage sie mit dem öffentlichen Träger abrechnen, ob sie eine bestimmte Vereinbarung mit dem zuständigen Jugendamt (JA) abgeschlossen haben,
- ob sie an der Hilfeplanung beteiligt sind, und
- ob sie andere Musiktherapeuten benennen können, die auf dem Gebiet der HzE tätig sind (Vernetzung untereinander).

Es kamen insgesamt 12 Rückläufe (Rücklaufquote 46%) zustande.

Die Frage nach der rechtlichen Grundlage der Leistung wurde folgendermaßen beantwortet:

Bezug auf §27 SGB VIII	X	(1)
Bezug auf §35a SGB VIII	XXXXX	(5)
Keine Angaben	XXXXXX	(6)

Aus der Frage nach den Abrechnungsmodalitäten mit dem Jugendamt; nach dem Abschluss einer Leistungsvereinbarung oder eines Kooperationsvertrags lässt sich folgendes zeichnen:

Vereinbarung mit dem JA getroffen[18]	XXXXX	(5)
Keine Vereinbarungen mit dem JA	XXXX	(4)
Keine Angaben	XXX	(3)

Die Frage nach der Beteiligung an der Hilfeplanung ergab:

18 auch mündliche Vereinbarungen

Beteiligung an Hilfeplanung	XXXXX	(5)
Keine Beteiligung bei der Hilfeplanung	XXX	(3)
Keine Angaben	XXXX	(4)

Auf die Frage, ob ein Kollege benannt werden kann, der Musiktherapie als HzE anbietet wurde geantwortet:

Ja, ich kenne jemanden	XX	(2)
Nein, niemand bekannt	XXXXX	(5)
Keine Angaben	XXXXX	(5)

Aus den Antworten dieser Stichprobe lassen sich folgende Schlüsse ziehen:

- Die hier befragten, freiberuflichen Musiktherapeuten, deren Kosten von Jugendämtern übernommen werden erbringen überwiegend Leistungen der Eingliederungshilfe gemäß §35a SGB VIII.
- Nur in einzelnen Fällen erbringen sie Leistungen, die im Bereich der HzE (§27 SGB VIII) angesiedelt sind.
- Unter den hier befragten Musiktherapeuten besteht insgesamt ein Wissensdefizit bezüglich der Abrechnungsmodalitäten und den entsprechenden Rechtsgrundlagen auf dem Gebiet der Kinder- und Jugendhilfe.[19]
- Die Möglichkeiten der Kostenübernahme, die sich aufgrund des bestehenden Rechtsanspruchs auf HzE ergeben, sind unter ambulant tätigen Musiktherapeuten weitgehend unbekannt.[20]

Die Form der offenen Fragestellung hat sich als problematisch erwiesen. Das gewonnene Datenmaterial zeigt vor allem, wie unterschiedlich die Kenntnisse der Befragten zum §27 SGB VIII sind. Um aussagekräftigeres Datenmaterial zu erhalten, müsste ein geeigneter Fragebogen entwickelt und der Umfang der Befragung sowie die Anzahl der Befragten deutlich erhöht werden.

19 Häufig waren den Befragten die hier benannten Paragraphen nicht bekannt. Sie konnten keine Angaben darüber machen, auf welchen Paragraphen des KJHG sich ihre Leistung bezieht oder wussten keinen Unterschied zwischen §27 und §35a. Insgesamt scheint §35a (Eingliederungshilfe) den Befragten eher geläufig als §27.

20 Einige betonten, dass es sich bei der Kostenerstattung durch die Jugendämter immer um Einzelfallabsprachen handele, und dass die Gewährung von Musiktherapie vom jeweiligen Sachbearbeiter und der finanziellen Lage der Jugendämter abhinge.

Die e-Mail Befragung stand am Anfang dieser Arbeit und stellt nicht ihren Hauptbestandteil dar. Die Umfrage wurde unter einer kleinen Gruppe durchgeführt, die von sich aus auf die Möglichkeit der Kostenübernahme durch die öffentlichen Träger der Jugendhilfe hinweist. Dass selbst unter dieser Gruppe die Möglichkeiten, die sich für ein ambulantes Angebot der Musiktherapie als Bestandteil der HzE ergeben nur wenigen bekannt sind, lässt verschiedene Schlüsse zu.

2.1.1 Thesen zur Nichtbeachtung des Arbeitsfeldes der HzE

These 1:

Vor dem Hintergrund, dass nur einer der Befragten mit Sicherheit angeben konnte, Leistungen im Bereich der HzE zu erbringen, muss folgende These in Betracht gezogen werden:

Hilfe zur Erziehung stellt kein geeignetes Beschäftigungsfeld für ambulant tätige Musiktherapeuten dar.

These 2:

Obwohl die Befragten von sich aus auf die Möglichkeit der Kostenübernahme durch die Jugendämter hinwiesen, deuteten die Antworten überwiegend auf ein sehr geringes Wissen bezüglich des sozialrechtlichen Hintergrundes hin. Vielen war der Bereich HzE an sich unbekannt. These 2 und 3 beziehen sie auf die Ursachen dieses Mangels:

Die Unwissenheit der Musiktherapeuten bezüglich des Bereich HzE beruht auf einem Defizit in der musiktherapeutischen Literatur, Forschung, Lehre und Diskussion.

These 3:

Die Nichtbeachtung des Arbeitsfeldes der HzE kommt durch die Berufsbiographie der Musiktherapeuten zustande, die ihre Wurzeln nur selten im Bereich der Kinder- und Jugendhilfe haben.

These 4:

Es könnte aber auch sein, dass die im Bereich der HzE ambulant tätigen Musiktherapeuten bewusst nicht in Erscheinung treten wollen, da sie befürchten, dadurch ihre Nischen-Existenz zu gefährden. Die These muss mit der Existenz der Musiktherapie in einer rechtlichen „Grauzone"[21] zusammengedacht werden.

21 Damit möchte ich einerseits auf den Umstand hinweisen, dass Musiktherapie im Rahmen des

Dass die ambulante musiktherapeutische Tätigkeit im Bereich der HzE nicht in die Fachdiskussion einfließt hat seine Gründe auf Seiten der auf diesem Gebiet tätigen Therapeuten.

Insgesamt interpretiere ich die Ergebnisse dahingehend, dass der Bereich HzE aus musiktherapeutischer Sicht noch weitgehend unerschlossen ist, woraus sich ein besonderes Forschungsinteresse ergibt.

Psychotherapeutengesetzes nicht als Psychotherapie anerkannt ist, andererseits im Bereich HzE keine für das gesamte Bundesgebiet geltenden Ausführungsbestimmungen und Ausführungsvorschriften vorliegen. Im Fall des Landes Berlin regelt das Länderrecht den Einsatz von Therapie als HzE, was für Musiktherapeuten von Nachteil ist (s. Kap. 4x.2.1.2). Es besteht also durchaus die Gefahr, dass andere Bundesländer ähnliche Regelungen beschließen.

3 Einführung in die Hilfe zur Erziehung

Die Hilfen zur Erziehung (HzE) sind Kernaufgaben der Jugendhilfe zur Sicherung der Lebens- und Entwicklungsbedingungen von Heranwachsenden.[22]

Dabei handelt es sich um eine Leistung der Kinder- und Jugendhilfe, auf die ggf. ein Rechtsanspruch besteht.

Die Hilfe kann in ambulanter, teilstationärer und stationärer Form erfolgen. Die ambulanten Angebote der HzE werden den Leistungsberechtigten kostenlos zur Verfügung gestellt und gelten als besonders niederschwellig. Bei stationären und teilstationären Maßnahmen werden die Sorgeberechtigten entsprechen ihrem Einkommen an den entstehenden Kosten beteiligt.

Seit Beginn der 1980er Jahre hat mit dem Ziel der Reduzierung von Heimunterbringungen eine Entwicklungslinie eingesetzt, in deren Folge nicht nur die Aufwertung und der Ausbau von Familienpflege, sondern auch die Forderung nach einem konsequenten Ausbau der ambulanten Erziehungshilfen stand.[23] Als Gründe für diese Entwicklung werden genannt:

- Die Bedeutung der Herkunftsfamilie als vorherrschendes Sozialisationsmodell;
- der Zusammenhang zwischen der „Störung der Entwicklung" und der entsprechenden Funktion dieser Störung in der Konstellation der sozialen Gebilde – also die Forderung, die Ursachen, Bedingungen und Voraussetzungen der Störung innerhalb des sozialen System zu beheben;
- das Vermeiden unerwünschter Nebenwirkungen, die mit stationären Maßnahmen einhergehen.[24]

Das Interesse der Reduzierung der Heimunterbringungen kann nebenbei auch in der damit verbunden Kostenersparnis begründet liegen:

> „Die hier genannten Formen ambulanter und teilstationärer Erziehungshilfen wollen präventiv wirken und (im Vergleich zu Fremdunterbringungen) kostengünstigere Angebote für Kinder und Jugendliche und ihre Familien in schwierigen, die Erziehungssituation beeinträchtigenden Konstellationen machen."[25]

Ambulante HzE soll zur Vermeidung stationärer Unterbringung beitragen.

---

22 Jordan (1996), 176
23 ebd., 176f
24 ebd., 177
25 ebd., 179

§27 SGB VIII leitet den Abschnitt über die HzE im KJHG ein. Die Absätze 2a und 4 wurden im Prozess der Jugendhilfeweiterentwicklung hinzugefügt und können hier ausgelassen werden, da sie im Rahmen dieser Arbeit nicht von Belang sind.

§27 Hilfe zur Erziehung

(1) Ein Personensorgeberechtigter hat bei der Erziehung eines Kindes oder eines Jugendlichen Anspruch auf Hilfe (Hilfe zur Erziehung), wenn eine dem Wohl des Kindes oder des Jugendlichen entsprechende Erziehung nicht gewährleistet ist und die Hilfe für seine Entwicklung geeignet und notwendig ist.
(2) Hilfe zur Erziehung wird insbesondere nach Maßgabe der §§28 bis 35 gewährt. Art und Umfang der Hilfe richten sich nach dem erzieherischen Bedarf im Einzelfall; dabei soll das engere soziale Umfeld des Kindes oder des Jugendlichen einbezogen werden. Die Hilfe ist in der Regel im Inland zu erbringen; sie darf nur dann im Ausland erbracht werden, wenn dies nach Maßgabe der Hilfeplanung zur Erreichung des Hilfezieles im Einzelfall erforderlich ist.
(2a) […]
(3) Hilfe zur Erziehung umfasst insbesondere die Gewährung pädagogischer und damit verbundener therapeutischer Leistungen. Sie soll bei Bedarf Ausbildungs- und Beschäftigungsmaßnahmen im Sinne des §13 Abs. 2 einschließen.
(4) […]

3.1 Anspruchsvoraussetzung

Als Anspruchsvoraussetzung gilt die Bedingung, dass eine dem „Kindeswohl entsprechende Erziehung" nicht gewährleistet ist. Gleichzeitig ist die Eignung und Notwendigkeit der Hilfe eine weitere Tatbestandsvoraussetzung, sodass ein Anspruch nach §27 nur zustande kommt, wenn die HzE zur Verbesserung der Problemlage geeignet und notwendig ist.[26]

> „Ausgangspunkt der Hilfegewährung ist dabei das Spannungsverhältnis zwischen der grundsätzlich geschützten Erziehungsverantwortung der Eltern (Art. 6 Abs. 1 GG; vgl. auch §1 Abs. 1) und dem ebenfalls im Gesetz verankerten ‚Wächteramt des Staates'"[27]

Dass der Personensorgeberechtigte und nicht der junge Mensch selbst Anspruch auf die Hilfeleistung hat, wird in der Literatur kritisch bewertet. MÜNDER bezeichnet diesen Umstand als „Geburtsfehler" des KJHG und stellt fest, dass dieser Grundstruktur ein überholtes Verständnis über das verfassungsrechtliche Verhältnis von Elternrecht, Staat und Kindesrecht zu Grunde liegt, das nicht der aktuellen verfassungsrechtlichen Diskussion ent-

26 Münder (2003), 279 / §27 Rz. 4
27 Seifert (2006), 237 / §27 Rz. 1

spricht; die Weiterentwicklung des Kinder- und Jugendhilferechts sei noch nicht zu Ende.[28]

3.1.1 Nichtgewährleistung einer dem Kindeswohl entsprechenden Erziehung

Bei dem Begriff des Kindeswohls handelt es sich um einen „unbestimmten Rechtsbegriff". Er bedarf der Auslegung, bezogen auf den konkreten Fall.[29] Der Begriff findet sich in verschiedenen Rechtsvorschriften und umfasst immer das körperliche, geistige und seelische Wohl des Kindes.[30] Im Hinblick auf §27 ist die Frage nach dem Entwicklungsprozess der Kinder und Jugendlichen bei der Interpretation mit einzubeziehen.[31]

„Ist eine dem Wohl des Minderjährigen entsprechende Erziehung nicht gewährleistet, so bedeutet dies, dass ein „erzieherischer Bedarf" […] besteht."[32] Die Feststellung, dass ein erzieherischer Bedarf besteht, setzt die Feststellung einer „Mängellage" im Erziehungsprozess voraus.[33] „Dabei ist auch ein Vergleich zwischen der konkreten Lebenslage des Minderjährigen und den potenziellen Entwicklungsmöglichkeiten maßgeblich."[34]

In der Rechtsprechung liegen die Voraussetzungen der fehlenden Gewährleistung des Kindeswohls folglich auch dann vor, wenn für den wesentlichen Teil der Vergleichsgruppe Bedingungen gegeben sind, die für den konkreten Minderjährigen nicht gegeben sind.[35]

Eine dem Wohl des Kindes entsprechende Erziehung ist ebenfalls nicht gewährleistet, wenn die konkrete Lebenssituation durch Mangel oder soziale Benachteiligung gekennzeichnet ist: wenn ein Mangel an Kommunikation, an pädagogischer Unterstützung, an Ausbildungsmöglichkeiten, an geeignetem Wohnraum besteht oder die Möglichkeiten zur Freiheitsentfaltung im öffentlichen und politischen Raum eingeschränkt sind oder Benachteiligungen im Bildungsbereich existieren usw.[36]

Auch ist die Kategorie der „Kindeswohlgefährdung" von Interesse, da im Falle einer solchen (Kindeswohlgefährdung) das Kindeswohl auch nicht gewährleistet ist und deshalb ebenfalls Ansprüche nach §27 geltend gemacht werden können, bzw. Erziehungshilfen greifen.[37]

28 Münder (1996), 355
29 Häbel (1998),4 / §27 Rz. 5
30 ebd.
31 Häbel (1998),45 / §27 Rz. 7
32 Münder (2003), 280 / §27 Rz. 6
33 Häbel (1998), 6 / §27 Rz. 7
34 Münder (2003), 280 / §27 Rz. 6
35 vgl. hierzu ebd. Rz. 7
36 Münder (2003), 280 / §27 Rz. 6
37 Häbel (1998), 6 / §27 Rz. 6

Eine Gefährdung des Kindeswohls liegt dann vor, wenn durch die soziale, psychosoziale oder individuelle Sozialisationssituation des Minderjährigen konkret benennbare Schädigungsfolgen wahrscheinlich eintreten werden, so dass die Nichtveränderung dieser Situation eine Gefahr für das Wohl des Kindes bedeutet.[38]

Während für die Gewährung einer HzE nach §27 stets das Einverständnis der Personensorgeberechtigten Voraussetzung ist – die Hilfe kann also nicht aufgenötigt werden – hat sich der öffentliche Träger im Falle einer Kindeswohlgefährdung nach §1666 BGB an das Familiengericht zu wenden, wenn die erforderliche Hilfe von den Personensorgeberechtigten abgelehnt wird.[39]

3.1.2 Notwendigkeit

Ob HzE gewährt wird, hängt nicht nur von der individuellen Problemlage (Auffälligkeit) des Minderjährigen ab, sondern auch davon, welche Möglichkeiten zur Deckung des erzieherischen Bedarfs innerhalb des sozialen Lebensraums zur Verfügung stehen.

HzE wird nicht gewährt, wenn die Personensorgeberechtigten mit „vertretbarem Aufwand" in der Lage sind, eine dem Wohl des Kindes entsprechende Erziehung zu gewährleisten oder wenn der bestehende erzieherische Bedarf durch kostenlose Hilfe Dritter abgewandt werden kann.[40]

Die Notwendigkeit der Hilfe besteht, wenn andere Leistungen oder Maßnahmen (z. B. Angebote der Jugendarbeit) oder die Eigenhilfe der Eltern nicht genügen um den festgestellten erzieherischen Bedarf zu decken.[41]

Diese Auffassung steht jedoch dem präventiven Charakter der HzE entgegen. Sie führt in ihrem Extrem dazu, dass Kinder und Jugendliche zunächst in den offenen Angeboten der Jugendhilfe scheitern müssen, als untragbar und schwer erziehbar stigmatisiert werden müssen, bevor HzE gewährt wird.

3.2 Auswahl der Hilfe

Die konkrete Hilfeart bestimmt sich nach dem erzieherischen Bedarf im Einzelfall.[42] Die in §27 Abs. 2 Satz 1 genannten Hilfearten stehen grundsätzlich gleichwertig nebeneinander.[43] Allerdings handelt es sich hierbei nicht um einen abgeschlossenen Katalog, sondern um eine offene Aufzählung; in der Praxis ist man daher nicht gezwungen die in den §§28 bis 35 genannten Hil-

38 gemäß §1666 BGB
39 Münder (2003), 282 / §27 Rz. 12
40 Münder (2003), 281 / §27 Rz. 10
41 Häbel (1998), 9 / §27 Rz. 10
42 §27 Abs. 2 Satz 2
43 Häbel (1998), 14 / §27 Rz. 17

fearten (→ Kap. 4) anzuwenden, sondern kann einen speziell auf den Einzelfall bezogenen Hilfetypus entwickeln.[44] Durch die in §27 Satz 1 formulierte Öffnungsklausel („insbesondere") bleibt der Weg frei für neue Entwicklungen, Praxiskonzepte und Lösungsversuche, bleibt die Möglichkeit, unkonventionelle, im Gesetz nicht beschriebene Leistungen zu erbringen.[45]

Ebenso können Elemente der in den §§28 bis 35 aufgezeigten Hilfearten kombiniert oder verschiedene der genannten Hilfearten miteinander verknüpft werden.[46]

Bei der Ausgestaltung der Angebotsstruktur der HzE gilt es, den besonderen Stellenwert der Lebensweltorientierung zu beachten.[47]

Bei der Auswahl der konkreten Hilfe sind alle Betroffenen gemäß §36 umfassend zu beteiligen. Das Wunsch- und Wahlrecht der Betroffenen kann sich ausschließlich auf geeignete und erforderliche Hilfen beziehen; ihm kommt in der Praxis aber eine hohe Bedeutung zu, da die Wirkung erzieherischer Hilfen stark von der Akzeptanz derer abhängt, für die sie gedacht sind.[48]

In der Regel werden den Hilfesuchenden in einem Beratungsgespräch verschiedene Hilfeangebote vorgestellt und angeboten. Es ist daher wichtig, das der Berater über die aktuell zur Verfügung stehende Angebotspalette umfassend informiert ist.

3.2.1 Hilfeplanung

§36 SGB VIII fordert die qualifizierte Planung und Überprüfung des Hilfeprozesses im Zusammenwirken mehrer Fachkräfte.[49] Die Personensorgeberechtigten und das Kind, bzw. der Jugendliche sind vor der Entscheidung über die Inanspruchnahme einer Hilfe zu beraten.[50]

Das den Betroffenen zustehende Wunsch- und Wahlrecht ist nicht auf die vom Jugendamt vorgeschlagenen Maßnahmen und Einrichtungen begrenzt; die Personensorgeberechtigten und das Kind, bzw. der Jugendliche können andere Maßnahmen und Einrichtungen vorschlagen.[51] Allerdings ist das Wunsch- und Wahlrecht seit dem 1.1.1999 durch die Einführung der §§78a ff (→ Kap. 8.2.1) eingeschränkt. Der Wahl einer Einrichtung, die keine Vereinbarung nach §78b mit dem öffentlichen Träger abgeschlossen hat, kann nur in Ausnahmefällen entsprochen werden. Dazu müsste im Hilfeplanverfahren

44 Häbel (1998), 14 / §27 Rz. 18f
45 Münder (2003), 272 / Vor§27 Rz. 9
46 Häbel (1998), 14 / §27 Rz. 19
47 Münder (2003), 271 / Vor§27 Rz. 8
48 Münder (2003), 284 / §27 Rz. 19
49 Münder (2003), 345 / §36 Rz. 1
50 Günder (1999), 43
51 Nothacker (1998), 19 / §36 Rz. 36

festgestellt werden, dass die geeignete und notwendige Leistung nur in dieser bestimmten Einrichtung erbracht werden kann und die Personensorgeberechtigten und der Minderjährige gerade diese Einrichtung ausdrücklich wünschen.[52]

Die Hilfen zur Erziehung werden also nicht a priori – von Amts wegen – festgelegt, sondern in einem Aushandlungs- und Verständigungsprozess unter der Beachtung der Interessen der Beteiligten konkretisiert.[53]

Im Hilfeplanprotokoll werden u. a. Art und Umfang der gewährten Hilfen, Beginn und voraussichtliche Dauer, sowie die Ziele und konkreten Aufgaben, die mit den vereinbarten Hilfen erreicht werden sollen, festgeschrieben.[54]

Die Hilfeplanung wird in regelmäßigen Abständen wiederholt. Der Gesetzgeber hat auf eine exakte Zeitvorgabe für die Notwendigkeit der Hilfeplankonferenz verzichtet.[55] In der Regel finden Hilfeplankonferenzen im Abstand von ca. sechs Monaten statt. Dabei wird jeweils geprüft, inwieweit die vereinbarten Ziele erreicht wurden und ob die gewählten Maßnahmen weiterhin geeignet sind und entsprechend fortgesetzt werden.

3.3 Einleitung und Wege zur Hilfe zur Erziehung

Der Anspruch auf HzE kann nur durch einen Antrag geltend gemacht werden.[56] Er ist keinen besonderen Formvorschriften unterworfen, kann mündlich oder schriftlich gestellt werden oder sich aus konkludentem Verhalten der Anspruchsberechtigten oder aus einer Zustimmung der Anspruchsberechtigten zu einer angebotenen Maßnahme ergeben.[57]

Die Wege in das System der HzE sind vielfältig. In der Praxis haben viele Menschen immer noch Berührungsängste gegenüber dem Jugendamt, das fälschlicherweise häufig als „Eingriffsbehörde" verstanden wird.[58]

Um möglichst große Bevölkerungskreise über das Leistungsangebot der HzE zu informieren sind in der Praxis zahlreiche Multiplikatoren vorhanden.[59] Ein Einstig in die Jugendhilfe oder ein Kontakt mit dem Jugendamt kommt häufig über Kinderärzte, Kindergärten, Schulen, Schulsozialarbeit

52 Münder (2003) 345 / §36 Rz. 2
53 Münder (2003) 345 / §36 Rz. 4
54 Münder (2003) 353f / §36 Rz. 27
55 Münder (2003) 350 / §36 Rz. 21
56 Häbel (1998), 41 / §27 Rz. 71
57 ebd.
58 Günder (1999), 29
59 Günder (1999), 30

oder den schulpsychologischen Dienst, Beratungsstellen oder andere Institutionen, bzw. Personen zustande.

Nicht nur Eltern sondern auch Kinder und Jugendliche wenden sich mit ihren Sorgen und Nöten an entsprechende Stellen oder nutzen die Einrichtung von Sorgentelefonen oder Kummerkästen.[60]

Das Jugendamt oder der Allgemeine Sozialdienst (ASD) geht direkt auf Personensorgeberechtigte und deren Kinder zu,

- wenn aus der Verwandtschaft, der Nachbarschaft oder von anderen Personen auf vorliegende oder vermutete Missstände und Probleme im Umgang mit Kindern oder Jugendlichen aufmerksam gemacht wird,
- wenn das Jugendamt von Schulen über lang andauernde Versäumnisse oder über schwerwiegende Verhaltensprobleme informiert wird,
- wenn bereits ein Kontakt mit dem Jugendamt besteht und die Fachkräfte der Meinung sind, dass eine Erziehungshilfe notwendig wäre, vielleicht auch für ein weiteres Kind.[61]

Bei Straffälligkeit eines Jugendlichen wird die Jugendgerichtshilfe (JGG) durch Polizei oder Staatsanwaltschaft benachrichtigt. Auch hierüber kann ein Einstieg in die HzE stattfinden.

In bestimmten Einzelfällen können erzieherische Hilfen vom Vormundschaftsgericht oder vom Familiengericht angeordnet werden, was jedoch dem prinzipiell freiwilligen Charakter der HzE widerspricht.[62]

3.3.1 Selbstbeschaffung

In der Praxis kommt es des Öfteren zu einer direkten Kontaktaufnahme der Eltern mit den Leistungserbringern, wodurch die Entscheidungszuständigkeit der Jugendämter unterlaufen wird.[63] Durch die Einführung des §36a SGB VIII im Jahr 2005 hat der Gesetzgeber diese Praxis der Selbstbeschaffung der Hilfe eingeschränkt. Nach §36a Abs. 1 trägt die öffentliche Jugendhilfe die Kosten der Hilfe grundsätzlich nur, wenn sie auf der Grundlage seiner Entscheidung nach Maßgabe des Hilfeplans erbracht wird.

Die Inanspruchnahme von niedrigschwelligen ambulanten Hilfen, insbesondere der Erziehungsberatung, ist gemäß Abs. 2 von dieser Regelung ausgenommen. Voraussetzung ist hier aber, dass der Träger der öffentlichen Jugendhilfe mit den Leistungserbringern Vereinbarungen geschlossen hat, in

60 ebd.
61 Günder (1999), 31f
62 Günder (1999), 32
63 Jung (2006), 322 / §36a Rz. 2

denen die Vorraussetzungen und die Ausgestaltung der Leistungserbringung sowie die Übernahme der Kosten geregelt werden.[64]

3.4 Adressatenkreis von Erziehungshilfen

> „Ein auch nur annähernd einheitlicher Adressatenkreis ist keineswegs vorhanden. Im Gegenteil haben wir es hier mit individuellen Kindern, Jugendlichen und Familien zu tun, die sich in höchst unterschiedlichen sozialen Lebenssituationen und sehr unterschiedlichen Problemlagen und Krisen befinden können."[65]

Die Bandbreite reicht von Fällen mit kurzzeitigen Erziehungsproblemen, die relativ schnell behoben werden können, über Fälle mit lang andauernder sozialer und individueller Benachteiligung, die sich gefährdend auf Sozialisationsprozesse und die individuelle Entwicklung auswirken können, bis hin zu Kindern, Jugendlichen und Familien, die sich in vollkommen desolaten und perspektivlosen Verhältnissen befinden.[66]

„In der Regel wird es sich um Kinder und Jugendliche handeln, die Probleme im Leistungsbereich und vor allem im Erlebens- und Verhaltensbereich aufweisen."[67] Die Probleme und Auffälligkeit der Kinder und Jugendlichen zeigen sich häufig im Schulbetrieb. Ein drohender Schulverweis oder die Feststellung des schulischen Sonderbedarfs (Testung und Gutachten auf Erziehungs- oder Lernhilfe) werden häufig zum Anlass einer Hilfe. Das hat mit der gängigen Praxis zu tun, dass viele „Sonderschulen für Erziehungshilfe" die Kinder und Jugendlichen nur unter gleichzeitiger Gewährung einer Jugendhilfemaßnahme aufnehmen.

Prinzipiell richten sich die Hilfen nicht allein auf das Kind oder den Jugendlichen, sondern beziehen ihre Familie, das soziale Umfeld system- und lebensweltorientiert mit ein.[68]

Eine Vorstellung bezüglich der verschiedenen individuellen Problemlagen lässt sich aus den Gründen für die Inanspruchnahme von Erziehungsberatung ableiten:[69]

- Emotionale Probleme (Ängste, Traurigkeit, Selbstwertunsicherheit, ...)
- Entwicklungsverzögerungen (im Bereich der Selbständigkeit, Ausdrucksfähigkeit, ...)

---

64 ebd. Rz. 4

65 Günder (1999), 39

66 Günder (1999), 40

67 ebd.

68 Günder (1999), 41

69 Kunkel (2002), 83f (nach Menne in Rauschenbach / Schilling (Hrsg.): Kinder- und Jugendhilfe und ihre Statistik, Band II, Neuwied 1997, 241)

- Auffälligkeiten im Sozialverhalten (Aggressionen, Gewalttätigkeit, Gehemmtheit, Isolation, Geschwisterrivalitäten, ...)
- Schwierigkeiten mit Leistungsanforderungen (Konzentrationsstörungen, Prüfungsangst, übertriebener Ehrgeiz, ...)
- Trennung und Verlust (Scheidung der Eltern, Umzug, Tod, ...)
- Schwierige Familiensituation (Konflikte mit den Eltern, Alkoholprobleme, Arbeitslosigkeit, Gewalt, ...)

3.5 Grenzen der Ambulanten Erziehungshilfen

Als HzE kommen sowohl stationäre als auch ambulante Maßnahmen in Betracht. Die Durchführung der HzE in der Form eines ambulanten Angebots ist daran gebunden, dass die familiären Strukturen und Beziehungsverhältnisse zumindest begrenzt tragfähig sind, also eine Grundlage bieten, auf der aufgebaut werden kann und die Bereitschaft zur Zusammenarbeit besteht.[70]

Ambulante HzE reicht *nicht* aus, wenn das Wohl des Kindes oder Jugendlichen so massiv gefährdet ist, dass zu dessen Schutz und Wohlergehen eine sofortige Intervention außerhalb der eigenen Familie notwendig ist.[71] Im Falle der Fremdunterbringung können die bisherigen ambulanten Hilfen (z. B. Erziehungsbeistand) weitergeführt werden.

---

70 Günder 1999, 32

71 Günder 1999, 33

4 Die klassischen Hilfen zur Erziehung

§27 Abs. 2 SGB VIII verweist auf die klassischen, tradierten Maßnahmen der HzE. In den §§28 bis 35 SGBVIII werden diese aufgezählt und definiert. Im Folgenden werden diese Angebote kurz dargestellt. Einerseits ergibt sich hieraus die Option, Musiktherapie innerhalb dieser Angebote zu integrieren, andererseits soll die Darstellung dieser klassischen Erziehungshilfen das Arbeitsfeld der HzE, in das sich das musiktherapeutische Angebot einordnen soll, kenntlich machen.

4.1 Erziehungsberatung

> §28 Erziehungsberatung
>
> Erziehungsberatungsstellen und andere Beratungsdienste und -einrichtungen sollen Kinder, Jugendliche, Eltern und andere Erziehungsberechtigte bei der Klärung und Bewältigung individueller und familienbezogener Probleme und der zugrunde liegenden Faktoren, bei der Lösung von Erziehungsfragen sowie bei Trennung und Scheidung unterstützen. Dabei sollen Fachkräfte verschiedener Fachrichtungen zusammenwirken, die mit unterschiedlichen methodischen Ansätzen vertraut sind.

Die Aufgaben der Erziehungsberatung gehen über die Beratung in Erziehungs- und Lebensfragen weit hinaus; es kommen die Begleitung, die Behandlung und die Intervention auf der Grundlage sozialpädagogischer, heilpädagogischer und psychotherapeutischer Methoden hinzu.[72] Die Durchführung psychotherapeutischer Angebote wird übereinstimmend zum Methodenkanon der Erziehungsberatung gerechnet. „Grundlage von Beratung und Therapie sind beispielsweise die Psychoanalyse, die Spieltherapie, die Verhaltenstherapie und die Familientherapie."[73]

Die Aufgabe der Erziehungsberatung kann auch von privatgewerblich betriebenen psychologischen Praxen wahrgenommen werden, sofern dort Fachkräfte verschiedener Fachrichtungen, die mit unterschiedlichen methodischen Ansätzen vertraut sind (vgl. §28 Satz 2), zusammenwirken.[74] Das setzt ein Zusammenwirken von mindestens drei Fachkräften in einem Team voraus.[75]

Der Stellenwert der Erziehungsberatung für die musiktherapeutische Arbeit im Bereich der HzE wird in Kapitel 7.1 diskutiert.

---

72 Günder (1999), 58

73 Günder (1999), 61

74 Münder (2003), 293 / §28 Rz. 2

75 Münder (2003), 294 / §28 Rz. 7

4.2 Soziale Gruppenarbeit

> §29 Soziale Gruppenarbeit
>
> Die Teilnahme an sozialer Gruppenarbeit soll älteren Kindern und Jugendlichen bei der Überwindung von Entwicklungsschwierigkeiten und Verhaltensproblemen helfen. Soziale Gruppenarbeit soll auf der Grundlage eines gruppenpädagogischen Konzepts die Entwicklung älterer Kinder und Jugendlicher durch soziales Lernen in der Gruppe fördern.

Dieses Angebot ist für Kinder und Jugendliche gedacht, bei denen bereits Entwicklungsstörungen und Verhaltensprobleme vorliegen.[76]

> „Soziale Gruppenarbeit kann für unterschiedliche sozialpädagogische, sozialarbeiterische, heilpädagogische und therapeutische Aufgabengebiete und Zielsetzungen eingesetzt werden. Die Übergänge zur Gruppentherapie sind fließend."[77]

„Soziale Gruppenarbeit" soll Chancen zur Entwicklung und Stärkung der sozialen Kompetenzen bieten.[78]

„Soziale Gruppenarbeit" versteht sich als ambulantes Angebot. Hierunter fallen z. B. „Soziale Trainingskurse" und „Anti-Aggressions-Trainings". §29 bezieht sich nicht auf Gruppenarbeit innerhalb anderer – stationärer oder teilstationärer – Maßnahmen (z. B. der Heimerziehung). Selbstverständlich kann das Angebot der „Sozialen Gruppenarbeit" auch zusätzlich zu bereits laufenden Hilfen installiert werden.

Die Teilnahme an einem derartigen Angebot kann bei Jugendlichen auch durch einen Gerichtsbeschluss angeordnet werden.

Kapitel 7.2 beschäftigt sich mit der Möglichkeit eines Musiktherapeutischen Angebots im Sinne des §29 SGBVIII.

4.3 Erziehungsbeistand

> §30 Erziehungsbeistand, Betreuungshelfer
>
> Der Erziehungsbeistand und der Betreuungshelfer sollen das Kind oder den Jugendlichen bei der Bewältigung von Entwicklungsproblemen möglichst unter Einbeziehung des sozialen Umfelds unterstützen und unter Erhaltung des Lebensbezugs zur Familie seine Selbständigkeit fördern.

76 Kunkel (2002), 86
77 Günder (1999), 67
78 Münder (2003), 301 / §29 Rz. 2

Ein Erziehungsbeistand kommt bei innerfamiliären Beziehungsstörungen, bei schulischen Verhaltens- oder Leistungsstörungen oder delinquenten Auffälligkeiten in Betracht[79] Die Altersspanne derjenigen, die durch einen Erziehungsbeistand betreut werden liegt in der Regel zwischen 9 und 16 Jahren; dabei ist die Tendenz erkennbar, mit älteren Jugendlichen in Richtung einer Verselbständigung (Übergang in eine eigene Lebensform) zu arbeiten.[80] In der Praxis wird die Erziehungsbeistandschaft in Form kontinuierlicher Einzelbetreuung (meist 6 Monate bis 3 Jahre) durch sozialpädagogische Fachkräfte mit entsprechender erzieherischer, therapeutischer und rechtlicher Kompetenz umgesetzt.[81] Kernstück der Arbeit bilden zumeist regelmäßige Beratungsgespräche.[82]

Viele Jugendämter führen unter diesem Paragraphen Maßnahmen wie Einzelfallhilfe, Hausaufgabenhilfe, sozialpädagogische Lernhilfe usw. durch.[83]

Die Hilfe richtet sich im Gegensatz zur Erziehungsberatung in erster Linie an den einzelnen Minderjährigen, die Sorgeberechtigten werden eher flankierend mit einbezogen.[84]

Insgesamt sind sie Problemlagen weniger von gravierenden und kumulierenden Problemlagen gekennzeichnet, als dies im Rahmen der Fremdunterbringung der Fall ist.[85] Bei massiven Drogenproblemen, Suizid-Gefahr oder schweren Straftaten kommt diese Hilfe nicht in Betracht.[86]

Die Möglichkeit der Implementierung musiktherapeutischer Arbeit in das Konzept des Erziehungsbeistands wird in Kapitel 7.3 besprochen.

4.4 Sozialpädagogische Familienhilfe

§31 Sozialpädagogische Familienhilfe

Sozialpädagogische Familienhilfe soll durch intensive Betreuung und Begleitung Familien in ihren Erziehungsaufgaben, bei der Bewältigung von Alltagsproblemen, der Lösung von Konflikten und Krisen sowie im Kontakt mit Ämtern und Institutionen unterstützen und Hilfe zur Selbsthilfe geben. Sie ist in der Regel auf längere Dauer angelegt und erfordert die Mitarbeit der Familie.

79 Fiesler / Schleicher (1998), 2 / §30 Rz. 2
80 Münder (2003), 303 / §30 Rz. 4
81 Fiesler / Schleicher (1998), 2f / §30 Rz. 5
82 Münder (2003), 303 / §30 Rz. 5
83 Iben (1996), 172
84 Fiesler / Schleicher (1998), 4 / §30 Rz. 13
85 Münder (2003), 304 / §30 Rz. 9
86 Fiesler / Schleicher (1998), 2 / §30 Rz. 2

Eine bestimmte Einzelperson, die möglichst große Nähe zu den Betroffenen und ihren Problemen hat, ist für die Betreuung einer Familie zuständig.[87] Dabei handelt es sich eher um eine lebenspraktische – an den Alltagsproblemen orientierte – als um eine therapeutische Hilfe und findet in der Umwelt (im Haushalt) der Familie statt.[88]

> „Diese umfassende Hilfe ist ein Angebot an die Familien; die konkrete Ausgestaltung der Hilfe entwickelt sich in der Zusammenarbeit von Familie und Fachkraft. […] Familien werden teilweise auch mehrmals in der Woche über einige Stunden besucht, abhängig z. B. von der Kinderzahl. In den Zeitstrukturen gibt es eine große Flexibilität."[89]

Mit hohem wöchentlichen Stundenaufwand und auf Dauer angelegt stellt diese Hilfe eine besonders intensive Form der ambulanten HzE dar.[90]

4.5 Erziehung in einer Tagesgruppe

> §32 Erziehung in einer Tagesgruppe
>
> Hilfe zu Erziehung in einer Tagesgruppe soll die Entwicklung des Kindes oder des Jugendlichen durch soziales Lernen in der Gruppe, Begleitung der schulischen Förderung und Elternarbeit unterstützen und dadurch den Verbleib des Kindes oder des Jugendlichen in seiner Familie sichern. Die Hilfe kann auch in Formen der geeigneten Familienpflege geleistet werden.

Hierbei handelt es sich um ein so genanntes teilstationäres Angebot. Die Sorgeberechtigten werden entsprechend ihrem Einkommen zur Finanzierung der Maßnahme herangezogen.

Es werden u. a. Hilfeangebote der Erziehungsberatung, der sozialen Gruppenarbeit und des Erziehungsbeistandes in einer Maßnahme vereint. Meist gehen ihr bereits kostengünstigere ambulante Maßnahmen voraus.

Die Umsetzung findet in der Praxis nach verschiedenen Konzepten der öffentlichen und freien Träger statt. Die Kinder und Jugendlichen werden in der Regel in Gruppen mit 9 bis 15 Betreuungsplätzen betreut. Die tägliche Bereuungszeit beginnt typischerweise direkt nach der Schule und endet, je nach Konzept, zwischen 16 und 17 Uhr.

87 Münder (2003), 307 / §31 Rz. 5
88 ebd.
89 Bundesministerium für Familie, Senioren, Frauen und Jugend
90 vgl. Fiesler / Schleicher (1998), 2 / §31 Rz 2

In Qualität und Umfang der Elternarbeit sowie der personellen Besetzung bestehen erhebliche Unterschiede zwischen den verschiedenen Einrichtungen.

Die Anforderungen an die „Erziehung in einer Tagesgruppe“ nach §32 SGBVIII gehen über den in den §§22 bis 25 SGBVIII formulierten, allgemeinen Förderauftrag hinaus (→ Kap. 1.2.3).

Die „Erziehung in einer Tagesgruppe“ orientiert sich mit ihren Zielen am individuellen Einzelfall (→ Kap. 3).

Im Gegensatz zu einer „normalen“ „Tageseinrichtung“ (z. B. einem Hort), werden in einer „Tagesgruppe“ nach §32 auch Jugendliche betreut.

Die „Erziehung in einer Tagesgruppe“ kommt auch dann in Betracht, wenn Kinder in den „normalen“ Einrichtungen übermäßig auffällig und schließlich „nicht mehr tragbar“ sind.

Die „Erziehung in einer Tagesgruppe“ ist also nicht mit der „Förderung von Kindern in Tageseinrichtungen“ (→ Kap. 1.2.3) zu verwechseln. In der Praxis haben sich Tagesgruppen, die ein Angebot nach §32 SGBVIII bereitstellen, häufig besondere Namen gegeben, z. B. „Heilpädagogische Tagesgruppe“.

Welche Möglichkeiten sich aus §32 SGBVIII für ein musiktherapeutisches Angebot im Rahmen einer Tagesgruppe ableiten lassen, wird in Kapitel 7.4 dargestellt.

4.6 Vollzeitpflege

> §33 Vollzeitpflege
> Hilfe zur Erziehung in Vollzeitpflege soll entsprechend dem Alter und dem Entwicklungsstand des Kindes oder des Jugendlichen und seinen persönlichen Bindungen sowie den Möglichkeiten der Verbesserung der Erziehungsbedingungen in der Herkunftsfamilie Kindern und Jugendlichen in einer anderen Familie eine zeitlich befristete Erziehungshilfe oder eine auf Dauer angelegte Lebensform bieten. Für besonders entwicklungsbeeinträchtigte Kinder und Jugendliche sind geeignete Formen der Familienpflege zu schaffen und auszubauen.

Hier geht es vor allem um die Unterbringung von Kindern in einer Pflegefamilie. Die Vollzeitpflege stellt häufig eine Alternative zu Heimerziehung dar. Nach MÜNDER soll die Erziehung durch die Eltern auf kurze Zeit oder auf Dauer ersetzt werden; beide Formen stünden gleichberechtigt nebeneinander.[91] In der Praxis der Fremdunterbringung kommt eine Vermittlung eines Kindes in eine Pflegefamilie außerhalb der Verwandtschaft nur für eine auf Dauer – bis zur Verselbständigung – angelegte Maßnahme in Betracht. Die Möglichkeit der Fremdunterbringung in einer Pflegefamilie wird vor allem bei jüngeren Kindern erwogen, sofern die Möglichkeit der Reintegration in die Herkunftsfamilie ausgeschlossen werden kann.

4.7 Heimerziehung, sonstige betreute Wohnform

> §34 Heimerziehung, sonstige betreute Wohnform
>
> Hilfe zur Erziehung in einer Einrichtung über Tag und Nacht (Heimerziehung) oder in einer sonstigen betreuten Wohnform soll Kinder und Jugendliche durch eine Verbindung von Alltagserleben mit pädagogischen und therapeutischen Angeboten in ihrer Entwicklung fördern. Sie soll entsprechend dem Alter und Entwicklungsstand des Kindes oder des Jugendlichen sowie den Möglichkeiten der Verbesserung der Erziehungsbedingungen in der Herkunftsfamilie
>
> - eine Rückkehr in die Familie zu erreichen versuchen oder
> - die Erziehung in einer anderen Familie vorbereiten oder
> - eine auf längere Zeit angelegte Lebensform bieten und auf ein selbständiges Leben vorbereiten.
>
> Jugendliche sollen in Fragen der Ausbildung und Beschäftigung sowie der Allgemeinen Lebensführung beraten und unterstützt werden.

Im Bereich der Kinder- und Jugendheime besteht eine große Vielfalt. Die Einrichtungen haben sich entsprechend verschiedener Anforderungen und Ausrichtungen differenziert. So haben sie sich beispielsweise auf das Ziel der Reintegration des jungen Menschen in seine Herkunftsfamilie oder auf seine Verselbständigung spezialisiert.

Ebenso erfordern besondere Anforderungen und Probleme auf Seiten der Klientel (z. B. sexueller Missbrauch) besonders ausgestattete Einrichtungen und besonders ausgebildete Fachkräfte.

Die Einrichtungen haben sich verschiedenen Konzepten verschrieben. Sie sind etwa psychoanalytisch oder systemisch orientiert. Oftmals haben sie bereits konkrete Vorstellungen über die Verweildauer der Klienten, bezeichnen sich zum Beispiel als Übergangswohnheim oder als Notunterkunft.

Große Unterschiede bestehen in der Größe (räumliche Ausdehnung) und der Anzahl der Betreuungsplätze. Neben der „Initiative Kleine Heime", wo 4 bis 6 Kinder in einem einzelnen Wohnhaus mit ihren Betreuern familienähnlich zusammenleben, existieren auch große Kinderdörfer oder Kinder-

91 Münder (2003), 314 / §33 Rz. 2

und Jugendheime in denen bis zu 70 Kinder auf einem großen Gelände in getrennten Häusern mit ca. 10 Betreuungsplätzen pro Wohngruppe untergebracht sind.

Für Jugendliche ab 16 Jahren (im Einzelfall auch schon früher) wurden andere betreute Wohnformen geschaffen, die das Ziel der Verselbständigung verfolgen. Der Umfang der Betreuung kann in dieser Altersgruppe entsprechend geringer ausfallen.

Die „Verbindung von Alltagserleben mit pädagogischen und therapeutischen Angeboten" gemäß §34 Satz 1 SGB VIII bedeutet grundsätzlich die Integration dieser Angebote in das Alltagsgeschehen mit wechselseitiger Wirkung aufeinander; je nach erzieherischem Bedarf im Einzelfall behalten die pädagogischen und therapeutischen Angebote einen eigenständigen Charakter und können sowohl von der Einrichtung als auch von außerhalb erbracht werden.[92]

Zur Musiktherapie in der Heimerziehung siehe Kapitel 7.5.

4.8 Intensive sozialpädagogische Einzelbetreuung

§35 Intensive sozialpädagogische Einzelbetreuung

Intensive sozialpädagogische Einzelbetreuung soll Jugendlichen gewährt werden, die einer intensiven Unterstützung zur sozialen Integration und zu einer eigenverantwortlichen Lebensführung bedürfen. Die Hilfe ist in der Regel auf längere Zeit angelegt und soll den individuellen Bedürfnissen des Jugendlichen Rechnung tragen.

Diese Hilfe stellt eine Alternative zur Heimerziehung dar, sie greift, wenn sich Jugendliche weigern in Heimen oder Wohngruppen zu leben oder wenn sie dort als nicht gruppenfähig und als „nicht tragbar" empfunden werden.[93] Sie ist vor allem für Jugendliche und junge Erwachsene gedacht, die von anderen Hilfeangeboten nicht (mehr) erreicht werden bzw. sich in besonders gefährdenden Lebenssituationen befinden.[94]

Intensive sozialpädagogische Einzelbetreuung kann in einer für den Jugendlichen angemieteten Wohnung, in der Wohnung der Familie oder in erlebnispädagogischen Projekten wahrgenommen werden.[95]

Dem jungen Menschen soll durch das Angebot einer vertrauensvollen und zuverlässigen Beziehung zu einer erwachsenen Bezugsperson die Mög-

92 Häbel (1998), 15 / §34 Rz. 17
93 Günder (1999), 140
94 Jordan (1996), 154
95 ebd.

lichkeit gegeben werden, eine neue Erfahrung des Angenommen-, Gemocht- und Geschütztwerdens zu machen.[96] Das Ziel der Maßnahme kann darin liegen, den jungen Menschen zum Aufbau einer tragfähigen Beziehung zu einem Erwachsenen zu befähigen.[97]

Die Bereitstellung eines musiktherapeutischen Angebots als „intensive sozialpädagogische Einzelbereuung“ wird in Kapitel 7.6 diskutiert.

---

96 Fiesler / Schleicher (1998), 2 / §35 Rz. 2

97 Fiesler / Schleicher (1998), 3 / §35 Rz. 2

5 Entwicklung eines Musiktherapiebegriffs für den Bereich HzE

Bevor ich die tradierten Formen der HzE (→ Kap. 4) auf die Möglichkeit der Implementierung eines musiktherapeutischen Angebots untersuche (→ Kap. 7), soll die Frage nach dem Selbstverständnis der Musiktherapie innerhalb des Bereichs der HzE diskutiert werden.

5.1 Allgemeine Vorüberlegung

Die Konzeption und Ausgestaltung der Musiktherapie variiert je nach Ausbildung des Musiktherapeuten, dem Arbeitsumfeld und der zu behandelnden Klientel:

> „Betrachtet man die unterschiedlichen Einsatzorte der Musiktherapie mit den entsprechend unterschiedlichen Krankheitsbildern, wird klar, dass es wohl kaum möglich sein dürfte, quasi von oben, einen für die gesamte Musiktherapie gültigen Therapiebegriff vorzulegen."[98]

Um auf dem Gebiet der HzE musiktherapeutisch tätig werden zu können, benötigt der Musiktherapeut einen für diesen Bereich gültigen und angepassten Therapiebegriff. Um ein entsprechendes Selbstverständnis musiktherapeutischer Arbeit für den Bereich der HzE entwickeln zu können, ist es notwendig, die Arbeit in die gesamtgesellschaftlichen Zusammenhänge und das Arbeitsfeld der Sozialen Arbeit einordnen zu können; ebenso muss der Arbeit ein entsprechendes theoretisches Konzept zugrunde liegen.

Bereits die Wahl einer adäquaten Bezeichnung für die Arbeit des Musiktherapeuten auf dem Gebiet der HzE stellt eine nicht zu unterschätzende Aufgabe dar, da die jeweiligen Betitelungen diverse Methoden, Klientel- und Zielvorstellungen implizieren oder aber fehlleitende Assoziationen auf Seiten der Rezipienten erzeugen können.

Wenn Musiktherapie als Methode der HzE einen Platz finden soll, ist es unumgänglich, dieses spezielle Angebot von anderen musikpädagogischen und therapeutischen Konzepten abzugrenzen, bzw. die Schnittmengen und Überschneidungen derart heraus zu arbeiten, dass Musiktherapie als Methode der HzE klare Konturen erhält. So wird es möglich sein, ein entsprechendes Konzept auch gegenüber den nicht-therapeutischen Mitarbeitern der öffentlichen Jugendhilfe zu vertreten. Um dies zu erreichen, können Begriffe, Konstrukte und Konzepte aus verschiedenen Bereichen der Musiktherapie

98 Palmowski (1981), 198

adaptiert werden. Musiktherapie stellt dazu ein weites Spektrum an verschiedenen Orientierungen zur Verfügung, so dass grundsätzlich keine neuen Therapiekonzepte und Theorien entwickelt werden müssen.

Auch kommt dem Stellenwert der Musik als Methode der sozialen Arbeit eine Bedeutung zu, da hier mögliche Ansatzpunkte für ein Konzept der Musiktherapie innerhalb des Gebiets der sozialen Arbeit gefunden werden können.

Musiktherapie als HzE muss eine Position innerhalb des Kontinuums von Therapie und Pädagogik beziehen, da sie innerhalb eines sozialpädagogischen Betätigungsfeldes stattfindet. Ebenso ist der Frage nachzugehen, ob Musiktherapie in diesem Arbeitsbereich als „Psychotherapie" anzusehen ist bzw. ob der Begriff „Psychotherapie" zur Vermarktung der Musiktherapie als HzE geeignet ist.

5.1.1 Musik in der sozialen Arbeit

Mit der beginnenden Professionalisierung der sozialen Berufe und der Einrichtung entsprechender Studiengänge an den Fachhochschulen um 1970, wurde auch dem Bereich der künstlerischen Aktivität als Handlungsfeld sozialer Arbeit besonderes Augenmerk geschenkt.[99]

Bereits in den Anfangsjahren bestand bei den Lehrenden des Fachs „Musik in der sozialen Arbeit" Konsens darüber, dass das Wesen dieses Fachs in einem dialektischen Verhältnis zwischen Musiktherapie und Musikpädagogik zu finden sein muss.[100]

HARTOGH und WICKEL sprechen von einem Einsatz der Musik als Ausdrucks- und Kommunikationsmittel innerhalb der sozialen Arbeit und führen dafür u. a. folgende Argumente an:

- Musizieren bietet die Möglichkeit der Selbstdarstellung.
- Mit dem Musizieren sind kreatives Handeln und die Entfaltung schöpferischer Kräfte verbunden. Es ist dadurch persönlichkeitsbildend und identitätsstiftend.
- Musizieren bietet eine Kommunikationsalternative zur mehr auf Information ausgerichteten Sprache.
- Musizieren schult die Wahrnehmung und schafft dadurch die Voraussetzung für gelingende Kommunikation.[101]

---

99 Seidel (2004), 13
100 Hartogh und Wickel [Hrsg.] (2004), 51
101 Hartogh und Wickel [Hrsg.] (2004), 50

Aus diesen Ausführungen wird deutlich, dass Musiktherapie und Musik in der sozialen Arbeit durchaus verwandt sind. Musiktherapie im Betätigungsfeld der sozialen Arbeit (also z. B. der HzE) kann demnach als Ausdifferenzierung und Erweiterung der musikalischen Aktivität innerhalb der sozialen Arbeit verstanden werden. Sie widerspricht nicht dem Konzept der künstlerischen Aktivität innerhalb der sozialen Arbeit.

5.1.2 Therapeutische Leistungen als Hilfe zur Erziehung

Gemäß §27 SGB VIII umfasst die HzE insbesondere die Gewährung pädagogischer und damit verbundener therapeutischer Leistungen.[102]

In der Frage, ob und in welchem Umfang therapeutischen Leistungen als HzE zulässig sind, bestehen allerdings differierende Rechtsauffassungen.

Nach KUNKEL sind „pädagogisch-therapeutische" Leistungen von denen der Psychotherapie zu unterschieden; er kommt zu dem Schluss, dass heilkundliche Psychotherapie nur unter den Voraussetzungen des Psychotherapeutengesetzes zulässig ist, und dass die Jugendhilfe für diese als Kostenträger prinzipiell ausscheidet; stattdessen sei die gesetzliche Krankenkasse als Kostenträger zuständig.[103]

Therapeutische Leistungen können – nach seiner Rechtsauffassung – nur und ausschließlich in Verbindung mit pädagogischen Leistungen als HzE in Betracht kommen; sie könnten lediglich als Annex zum Schwerpunkt der pädagogischen Leistungen gewährt werden.[104]

MÜNDER verzichtet auf die Unterscheidung zwischen pädagogisch-therapeutischen Leistungen und Psychotherapie und stellt fest: „Wenn therapeutische Leistungen nur zum Zwecke der Krankenbehandlung stattfinden, dann besteht entsprechend §10 gemäß §27 SGB V der Vorrang der Krankenkassen."[105] Offen bleibt allerdings wie das Wort „nur" zu verstehen ist und auf welchen Begriff von Krankheit – und folglich Krankenbehandlung – er sich bezieht.

Eine für die Musiktherapie besonders zuträgliche Auslegung des Rechts liefert HÄBEL:

> „Durch den Begriff „insbesondere" wird verdeutlicht, dass es hier vor allem, aber nicht ausschließlich um pädagogische und damit verbundene therapeutische Leistungen geht. [...] Die Betonung der Verbindung der therapeutischen mit den pädagogischen Leistungen durch den Gesetzgeber entspricht der fachlichen Bedeutung, den die

102 §27,3 SGB VIII
103 Kunkel, 83
104 Kunkel, 111
105 Münder (2003),281 / §27 Rz 11

> Verknüpfung beider Bereiche in der Praxis der Hilfe zur Erziehung hat. Sie ist jedoch nur als Hervorhebung einer bestehenden Praxis und nicht als Ausschließlichkeitsregel zu verstehen. Die Formulierung des Gesetzes lässt durch den Begriff „insbesondere" darüber hinaus auch die Gewährung allein von therapeutischen Leistungen als Hilfe zur Erziehung zu. [...] Die Verknüpfung von Pädagogik und Therapie im Rahmen der Hilfe zur Erziehung bedeutet nicht, dass Therapie hier etwa immer im Sinne von Sozialtherapie zu verstehen wäre [...]. Neben Sozialtherapie kommen grundsätzlich auch alle bisher entwickelten (bzw. sich entwickelnden) Formen der Psychotherapie im Rahmen der Hilfe zur Erziehung in Betracht. [...] §27 Abs. 3 Satz 1 stellt klar, dass therapeutische Leistungen grundsätzlich auch dann Jugendhilfeaufgabe sind, wenn die Krankenkassen keine Finanzierung übernehmen [...]. Daraus folgt, dass Jugendhilfe grundsätzlich nicht an die Definition der Krankenkassen zum Begriff Therapie und zu den Therapiearten gebunden ist. [...] Die therapeutischen Leistungen können sowohl innerhalb als auch außerhalb von Jugendhilfeeinrichtungen erbracht werden."[106]

Eine weitere Legitimation therapeutischer Leistungen als HzE lässt sich aus dem Feld der Erziehungsberatung folgern, da diese eine Maßnahme der HzE darstellt und gemäß §28 SGB VIII zur Klärung und Bewältigung individueller und Familienbezogener Probleme beitragen soll. Bezogen auf die Tätigkeit innerhalb der Erziehungsberatung besteht nämlich Einvernehmen darüber, dass therapeutisches Handeln zum Methodeninventar gehört. GÜNDER stellt hier die Bedeutung der Therapie sogar in den Vordergrund: „Neben therapeutischen und heilpädagogischen Maßnahmen können sozialarbeiterische Hilfen eingesetzt werden, [...]."[107]

Es ist nicht nachzuvollziehen, warum der Einsatz therapeutischer Leistungen als HzE im Hinblick auf §27 Abs. 3 von einigen Autoren derart kritisch gesehen wird, während die selben Autoren therapeutische Leistungen als Maßnahme der Erziehungsberatung, die ihrerseits ja Teil der HzE ist, ausdrücklich in den Leistungskatalog aufnehmen.

Es bleibt festzuhalten, dass das Gesetz an dieser Stelle unterschiedlich ausgelegt wird. Besonders die Auffassung von HÄBEL ist geeignet, um den Einsatz von Psychotherapie als HzE argumentativ zu vertreten. Da hingegen im Bereich der Erziehungsberatung Einigkeit über den Einsatz therapeutischer Leistungen besteht, dürfte der Einsatz von Musiktherapie in diesem Bereich keine allgemeinen Widerstände auslösen.

---

106 Häbel (1998) §27 Rz. 38-42

107 Günder (1999), 65

Wenn Musiktherapie als HzE jenseits der Erziehungsberatung zum Einsatz kommen soll, wird es hilfreich sein einen Therapiebegriff zugrunde zu legen, der sich von der heilkundlichen Psychotherapie und ihrem klinischen Umfeld abgrenzt.

5.1.2.1 Exkurs: Regelung für das Land Berlin

Eine Sonderstellung nimmt das Berliner Landesrecht ein. Im „Gesetz zur Ausführung des Kinder- und Jugendhilfegesetzes" (AG KJHG) werden auch therapeutische Leistungen als HzE nach §27 SGB VIII benannt.

Zur Ausgestaltung der therapeutischen Leistungen innerhalb der HzE heißt es in §25 Abs. 7 AG KJHG:

> Therapeutische Leistungen werden auf der Grundlage einer Hilfeplanung nach §36 des Achten Buches Sozialgesetzbuch
> a) im Rahmen der Eingliederungshilfe nach §35a des Achten Buches Sozialgesetzbuch oder
> b) in Verbindung mit pädagogischen Leistungen als Hilfe zur Erziehung nach §27 des Achten Buches Sozialgesetzbuch
> erbracht, wenn sie geeignet und notwendig sind. Sie umfassen sowohl psychotherapeutische als auch andere therapeutische Leistungen nach wissenschaftlich anerkannten Methoden und werden von Personen durchgeführt, die über die erforderliche therapeutische Qualifikation verfügen müssen.

Damit ist das Berliner AG KJHG bundesweit das einzige Ausführungsgesetz, dass psychotherapeutische und andere therapeutische Leistungen ausdrücklich als mögliche Form der Ausgestaltung der HzE benennt.
Bei der Erbringung psychotherapeutischer Leistungen als HzE im Land Berlin sind weiterhin die „Ausführungsvorschriften über ambulante psychologische Psychotherapie und Kinder- und Jugendlichenpsychotherapie nach den §§27 und 35a SGBVIII" (AV-Psychotherapie-ambulant) zu beachten. Hier werden die Voraussetzungen der Kostenübernahme für ambulante Kinder- und Jugendlichenpsychotherapie durch die Jugendämter geregelt. Musiktherapie scheidet hier jedoch als psychotherapeutische HzE aus, da Musiktherapie im Rahmen des Psychotherapeutengesetzes nicht als Psychotherapie anerkannt ist:

Die Behandlung seelischer Beeinträchtigungen von Kindern, Jugendlichen und jungen Volljährigen im Rahmen der Jugendhilfe orientiert sich an den fachlichen und curricularen Standards, wie sie im Psychotherapeutengesetz (PsychThG) festgeschrieben sind.[108]

Wenn Musiktherapie hier nicht als Psychotherapie in Betracht kommt, stellt sich die Frage, ob Musiktherapie eine „andere therapeutische Leistung nach wissenschaftlich anerkannten Methoden" im Sinne des AG KJHG (Berlin) darstellt.

Allerdings bleibt „die Behandlung seelischer Beeinträchtigungen von Kindern, Jugendlichen und jungen Volljährigen im Rahmen der Jugendhilfe" gemäß der o. g. Ausführungsvorschrift den psychologischen Psychotherapeuten sowie den Kinder- und Jugendlichenpsychotherapeuten vorbehalten.

Eine musiktherapeutische Erziehungshilfe dürfte daher keine „Behandlung seelischer Beeinträchtigungen" darstellen. Stattdessen müsste ihr Ziel in der „Förderung" und „Unterstützung" der Persönlichkeitsentwicklung angesiedelt werden (→ Kap. 5.3).

Ob das Außerkrafttreten der „AV-Psychotherapie-ambulant" Ende des Jahres 2003 eine Verbesserung für die Chancen der Musiktherapie als HzE in Berlin mit sich brachte, braucht nicht diskutiert zu werden, da – abgesehen von den Übergangsvorschriften – seit dem 1. Januar 2007 eine neue Vereinbarung als Standard gilt:[109]

Die „Rahmenleistungsbeschreibung zu den ambulanten therapeutischen Leistungen gemäß SGB VIII" sieht als ambulante therapeutische Leistung nach dem SGB VIII nun nur noch folgende vier Leistungstypen vor:

Leistungstyp 1:	ambulante Psychotherapie als Hilfe zur Erziehung im Kontext von pädagogischen Zielen / Leistungen (§27SGB VIII)
Leistungstyp 2:	ambulante Psychotherapie als Bestandteil der Eingliederungshilfe (§35a SGB VIII)
Leistungstyp 3:	Integrative Lerntherapie als Bestandteil der Eingliederungshilfe (§35a SGB VIII)
Leistungstyp 4:	ambulante Familientherapie als Hilfe zur Erziehung im Kontext von pädagogischen Zielen / Leistungen (§27 SGB VIII).[110]

108 AV-Psychotherapie-ambulant / Ziff. 6
109 vgl. hierzu AV-Hinweise
110 Rahmenleistungsbeschreibung zu den ambulanten therapeutischen Leistungen

Hier fällt sofort auf, dass mit Leistungstyp 4 (ambulante Familientherapie als HzE) eine therapeutische Leistung anerkannt ist, die – wie Musiktherapie – keine Psychotherapie im Sinne des Psychotherapeutengesetzes ist.

Da es der Familientherapie gelungen ist, in die Rahmenleistungsvereinbarung aufgenommen werden, könnte dies auch ein Ziel für die Musiktherapie sein. Dieses berufspolitische Ziel, in Verhandlungen mit der Vertragskommission für die Berücksichtigung der Musiktherapie innerhalb des Berliner Rahmenvertrags einzutreten, könnte eine Aufgabe für die Berufsverbände der Musiktherapie darstellen.

Allerdings legt die Rahmenvereinbarung auch fest, dass Leistungstyp 4 nur von einem multiprofessionellen Team erbracht werden kann:

> Die Leistung wird erbracht durch Dipl.- Psychologen/innen und Dipl. Sozialarbeiter/innen/Sozialpädagogen/innen mit abgeschlossener Weiterbildung in systemischer Therapie/Familientherapie, zertifiziert durch die anerkannten Fachverbände Deutsche Gesellschaft für Systemische und Familientherapie (DGSF) und Systemische Gesellschaft (SG). Die Leistungserbringung erfolgt in multiprofessioneller Zusammenarbeit im Team.[111]

Wenn es gelänge, Musiktherapie hier der Familientherapie gleichzustellen, könnte sie dementsprechend nicht von Freiberuflern in Eigenverantwortung erbracht werden.

Im Fall des Landes Berlin besteht für Musiktherapie als therapeutische Leistung der HzE folglich kaum eine Chance. Mit seinen speziellen Vorschriften stellt Berlin aber einen einzigartigen Sonderfall im Bundesgebiet dar.

Inwieweit einzelne Berliner Jugendämter bereit sind, musiktherapeutische Leistungen jenseits des genannten Rahmenvertrags als HzE zu gewähren, wäre ggf. im Einzelfall zu prüfen.

5.1.3 Pädagogik und Therapie

Über Abgrenzung und Gemeinsamkeit der beiden Gebiete liegen zahlreiche Publikationen vor. Während die einen darum kämpfen, eine Trennlinie zwischen den Bereichen zu finden, versuchen andere die Gemeinsamkeiten und Überschneidungen herauszuarbeiten. Gerade im Bereich der Musiktherapie wird dieses Thema in regelmäßigen Abständen wieder aufgelegt.

Gemäß §27 Abs. 3 Satz 1 SGB VIII umfasst HzE insbesondere die Gewährung pädagogischer und damit verbundener therapeutischer Leistungen. Auch wenn dieser Satz unterschiedlich interpretiert wird, weist er doch da-

111 Jugend-Rundschreiben Nr. 66/2006

rauf hin, dass HzE in einem Zwischenbereich – zwischen Pädagogik und Therapie – statt findet. So gesehen kann sich die angebotene HzE methodisch einer Schnittmenge beider Bereiche bedienen. Gleichzeitig besteht die Notwendigkeit der Abgrenzung gegenüber den Leistungen der Krankenfürsorge, da für diese vorrangig die Krankenkassen zuständig sind.[112] Eine Definition der Musiktherapie, die darum bemüht ist, sich allzu sehr von der Pädagogik abzugrenzen und zu entfernen, kann im Bereich der HzE zu Schwierigkeiten führen, da Uneinigkeit darüber besteht, ob eine ausschließlich (psycho-)therapeutische Maßnahme als HzE zulässig ist. Einigkeit besteht jedoch darin, dass das Grundelement der HzE eine pädagogische Leistung ist.

Deshalb ist es für die musiktherapeutische Arbeit in diesem Bereich zuträglich, einen Standpunkt einzunehmen, der beide Bereiche zunächst weitestgehend zusammenbringt, bzw. sie als ineinander übergehend beschreibt.

Es geht nicht darum, Therapie und Pädagogik gleichzusetzen oder so zu tun, als gäbe es keinen Unterschied. Es gibt aber einen Überschneidungsbereich der auch dadurch zustande kommt, dass beide Bereiche – in Bezug auf die Bewältigung des Alltags – letztlich das gleiche Ziel verfolgen.

Andererseits lassen sich gewisse Handlungs- und Sichtweisen sehr wohl eher dem einen oder anderen Bereich zuordnen.

Das Profil des musiktherapeutischen Handelns im Arbeitsfeld der HzE kann durch das Ausgrenzen bestimmter pädagogischer Tätigkeiten, Handlungsweisen, Methoden und Zielvorstellungen geschärft werden, ohne die Pädagogischen Ideen der Förderung im Vorfeld ablehnen zu müssen. Ebenso kann es sinnvoll sein, bestimmte psychotherapeutische Vorgehensweisen von der Anwendung in diesem Arbeitsbereich auszunehmen.

In der Literatur weisen viele Autoren auf die Verwandtschaft und Verbundenheit von Pädagogik, Erziehung und Therapie hin. Diese „Positionsbestimmungen“ können zu einem Selbstverständnis der Musiktherapie als HzE im Bereich zwischen Pädagogik und Therapie beitragen:

> „Die Grenzen zwischen erzieherischem und therapeutischem Tun können im Einzelfall durchaus fließend sein. Erziehung kann potenzierende Bedeutung für die Therapie besitzen und therapeutische Maßnahmen können durchaus erziehungsrelevant sein.“[113]

> „Für den Sonderpädagogen gibt es daher keine Alternative im Sinne von Erziehung und Therapie, […].“[114]

112 Münder (2003),281 / §27 Rz 11
113 Wolfgart (1971) in Schäfer (1976), 12
114 ebd.

> „Pädagogisches und therapeutisches Handeln sind, da beide einen Beitrag leisten wollen für im Alltag auftauchende Probleme, Pole eines Kontinuums an Hilfemöglichkeiten, innerhalb dessen die Grenzen fließend sind."[115]

> „Aufgrund der zahlreichen Schulen kann nicht von *der* Musikpädagogik und *der* Musiktherapie gesprochen werden. Längst haben sich die Grenzen beider Disziplinen aufgrund der Vielzahl der Ansätze und Konzeptionen verwischt. Ursprüngliche Unterscheidungskriterien haben keine Gültigkeit mehr. Aufgrund der [...] methodischen Überschneidungen sind [...] Musikpädagogik und Musiktherapie in der sozialen Arbeit nicht als konkurrierende, sondern sich ergänzende Disziplinen zu verstehen."[116]

VOGELSÄNGER sieht in der Abgrenzung der Musiktherapie gegenüber der musikalischen Sozialpädagogik gravierende Schwierigkeiten, da die Zielgruppen der Sozialpädagogik oft die gleichen sind, die der Therapie bedürfen.[117]

Nach ADAM-LAUER ist für die Praxis der sozialen Arbeit, insbesondere im Bereich der Erziehungs- und Beratungseinrichtungen, das aktive Beherrschen psychotherapeutischer Methoden generell notwendig und hilfreich.[118]

Konstrukte wie „Pädagogische Musiktherapie", „Sozialpädagogische Musiktherapie", „Musikalische Heilpädagogik", „Musische Sozialtherapie" und „Sozialmusiktherapie" weisen auf ein Betätigungsfeld in eben diesem Zwischenraum – zwischen Therapie und Pädagogik – hin.

Die folgende Auseinandersetzung mit diesen Konstrukten und Konzepten, die ihrem Namen nach bereits in die angedeutete Richtung weisen, soll helfen, die Entwicklung eines entsprechenden Selbstverständnisses der Musiktherapie als HzE voranzutreiben. Der Fokus liegt dabei auf der Verbindung, bzw. der Abgrenzung von Musiktherapie und Sozialpädagogik.

Für eine ausführliche und umfassende Darstellung der Konzepte sei auf die entsprechenden Quellen verwiesen.

5.1.3.1 Pädagogische Musiktherapie

WERNER PROBST führte diesen Begriff 1972 in seinem Aufsatz „Musik in Sonderschulen zwischen Unterricht und Therapie – Zur Begründung einer pädagogischen Musiktherapie" in die Literatur ein.

---

115 Seidel (1996), 348
116 Hartogh und Wickel [Hrsg.] (2004), 52ff
117 Vogelsänger (1983), 35f
118 Adam-Lauer (1996), 459

> „Musikpädagogische Musiktherapie meint die Anwendung von Musik bei Auswirkungen von Behinderung und bei Ausfallerscheinungen, die den emotionalen Bereich, die Sinnes- und Wahrnehmungsfähigkeit, den motorischen und kommunikativen Bereich betreffen, [...]."[119]

Dabei kommt eine Begriffsdefinition bei PROBST dadurch zustande, dass er sich begrifflich am institutionellen Umfeld seiner Klienten orientiert.[120] Demnach wären aber alle musiktherapeutischen Auswirkungen, „[...] soweit sie im pädagogischen Raum offenkundig werden"[121] als „Pädagogische Musiktherapie" zu bezeichnen.

Vom musikpädagogischen Unterricht lässt sich die Methode dadurch abgrenzen, dass keine Überschneidung in Bezug auf die Ziele besteht.[122] Die Ziele der Musiktherapie liegen im außermusikalischen Bereich, während es sich im Unterricht um musikimmanente Ziele handelt.[123]

Die Abgrenzung gegenüber einer medizinisch orientierten Musiktherapie sieht er in der Beschränkung des Arbeitsortes auf das Umfeld der Pädagogik und in der Person des Therapeuten, der für gewöhnlich Sonderschullehrer ist.[124]

GÜNTHER kommt bei der Anwendung Pädagogischer Musiktherapie im Bereich der Heimerziehung zu der Feststellung, dass die spezifischen Zielsetzungen in einem überraschenden Ausmaß mit den sozialpädagogischen Zielbereichen übereinstimmen.[125] Zusammenfassend stellt er fest: „Pädagogische Musiktherapie ist ein sonderpädagogisches Verfahren zur Unterstützung von Menschen mit besonderen Problemen.[126]

5.1.3.2 Musikalische Heilpädagogik

„Die Domäne im Schnittfeld von Musikpädagogik und Musiktherapie war lange Jahre die Heilpädagogik mit dem Ziel der Persönlichkeitsentfaltung und sozialer Integration."[127] Die Schwerpunkte musikalischer Heilpädagogik finden sich in einem weiten Feld pädiatrischer Diagnosen bei Down-

119 Probst (1983), 94
120 Günther (1992), 26
121 ebd.
122 Probst (1983), 97
123 Günther (1992), 27
124 Probst (1983), 94
125 Günther (1992), 31
126 ebd., 33
127 Mastnak (1996), 55

Syndrom oder autistischen Persönlichkeitserkrankungen, bei spastischen Erkrankungen und cerebralen Dysfunktionen.[128]

> „Musikalische Heilpädagogik hat sich aus zahlreichen Wurzeln gebildet und in verschiedene Äste verzweigt. Gertrud Orff, [...], verbindet im heilpädagogisch-therapeutischen Prozess Musik, Wort und Bewegung und wendet sie auf eine weit gefächerte Zielgruppe an: Hör- Sprach-, Seh- und motorisch Behinderte, sowie Kinder mit geistigen Beeinträchtigungen, Verhaltensstörungen und Autismus."[129]

> „Die Nordoff/Robbins-Musiktherapie ist nach den ihren Begründern, [...] Paul Nordoff und [...] Clive Robbins, benannt. [...] Ihre ersten Patienten waren mehrfach behinderte und autistische Kinder, die primär oder sekundär unter erheblichen Einschränkungen ihrer Wahrnehmungs-, Kommunikations- und/oder Ausdrucksmöglichkeiten litten."[130]

Die Nordoff-Robbins-Schule versuchte empirisch begründete Methoden heilpädagogischer Intervention – bei weitestgehend gleich bleibendem Setting (Therapeut = Klavier // Co-Therapeut und Kind = Schlagzeug) – zu entwickeln.[131]

5.1.3.3 Musische Sozialtherapie

RALF BEIMERT entwirft unter diesem Titel ein Konzept zur Einbeziehung musiktherapeutischer Elemente in die Erziehungsberatung. „Grundgedanke der Musischen Sozialtherapie (MST) ist, dass der Erziehungsberater ohne qualifizierte Zusatzausbildung zwar nicht als Musiktherapeut tätig wird, wohl aber musiktherapeutische Elemente in seine Arbeit integrieren kann."[132] Dabei sucht die MST den Weg zum Verhaltensabweichenden Kind über „analoge" und „digitale" Kommunikationskanäle.[133] BEIMERT bedient sich trotz des sozialpädagogischen Hintergrundes seiner Arbeit (Erziehungsberatung findet im Allgemeinen nach §28 i.v.m. §27 SGB VIII statt) eines therapeutischen Vokabulars. Obwohl Erziehungsberater keine ausgebildeten Therapeuten sind, bezeichnet er beispielsweise den Gruppenleiter als Therapeuten; auch der Buchtitel – Musiktherapie in der Erziehungsberatung – weist in diese Richtung. In einer wöchentlichen Gruppentherapie mit einer Dauer von 60

128 ebd.
129 ebd.
130 Gustorff (2001), 208
131 Mastnak (1996), 55
132 Beimert (1985), 8
133 ebd.

Minuten behandelt er vier bis sechs Kinder bzw. Jugendliche. Dabei verfolgt er außermusikalische therapeutische Ziele:

> „Folgende Teilziele der MST seien nochmals genannt:
>
> - Die konstruktive Externalisierung der interpersonalen Lage des Kindes mit Hilfe der Funktionsträger.
> - Die konstruktive Darstellung der interpersonalen Lage.
> - Der Entwurf von Veränderungsmöglichkeiten (im Spiel) sowie die Kompensation von Defiziten, soweit möglich.
> - Die Entwicklung neuer Verhaltensweisen sowie einer erweiterten Eigen- und Fremdwahrnehmung. Die Entfaltung individueller Fähigkeiten und sozialer Kompetenzen.
> - Die Stabilisierung der therapeutisch angestrebten Entwicklung, auch im außertherapeutischen Bereich.
>
> Inhalte und Ziele sind zum Beispiel:
>
> - die Erhöhung der Kooperationsbereitschaft, der sozialen Kompetenz und der Flexibilisierung der Rollenübernahme.
> - Die Fähigkeit, zwischen Distanz und Nähe elastisch zu pendeln.
> - Durchsetzungsfähigkeit wie Hilfsbereitschaft zu entfalten.
> - Isolierung, Hemmung, krankhafte Egozentrik sollen abgebaut werden. […]“[134]

Leider schweigt der Autor über die Möglichkeiten der Finanzierung dieses Konzepts durch den Träger der Beratungsstelle oder die Möglichkeit der Kostenübernahme durch den öffentlichen Träger.

5.1.3.4 Sozialmusiktherapie

Die Sozialmusiktherapie (SMT) geht aus der Leipziger Schule, speziell aus der Arbeit von CHRISTOPH SCHWABE hervor. Dabei entstand das Konzept aus einer logischen und langen Entwicklungslinie innerhalb der Musiktherapie in der DDR, wo es keine konkurrierenden Musiktherapiekonzepte gab.[135] Bei der SMT geht es also nicht um ein, auf eine bestimmte Zielgruppe zugeschnittenes, sondern um ein Konzept allgemein anwendbarer Musiktherapie. Dabei werden explizit klinische und soziale Arbeitsfelder benannt.

Innerhalb der SMT wird konzeptionell der soziale Pol der Beziehung des Individuums zu seiner Umwelt besonders betont.[136] Diese Sichtweise, sowie das zugrunde liegende Verständnis „sozialer Krankheit“ weist gewisse Ähnlichkeiten zu systemischen Konzepten innerhalb der sozialen Arbeit auf.

---

134 ebd., 135
135 Schwabe und Haase (1998), 58f
136 Wosch (2001), 190

Das Handlungsziel der SMT ist „soziale Kompetenz"; diese lässt sich definieren als „die Fähigkeit, des Menschen, die Beziehungen, die er zu sich selbst, zu anderen und zu Objekten der ihn umgebenden Realität aufnimmt und unterhält, in eigener Zuständigkeit und Entscheidung zu gestalten."[137]

Das Fehlen „sozialer Kompetenz" kann dazu führen, dass schulische Leistung, emotionales Befinden, psychische Gesundheit und andere Bereiche nachhaltig und dauerhaft gestört werden.[138] „Über das Lösen von Fixiertem, das Beseitigen von Hinderlichem und das Freilegen von Verschüttetem bewirkt die SMT das (Wieder)Erlernen sozialer Kompetenz und das (Wieder) Erlangen sozialer Gesundheit."[139]

BRIT HEINECKE beschreibt in ihrem Artikel die Anwendung der SMT auf die Klientel lernbehinderter und aggressiver Kinder. Die Ursachen der Lernbehinderung sieht sie u. a. im psychosozialen Bereich.[140]

PETRA JÜRGENS stellt die Möglichkeiten der SMT bei der Behandlung verhaltensauffälliger Kinder in ihrem Artikel „Geh weg, du bist schrecklich" dar.[141]

Von Interesse ist der Standpunkt, den SCHWABE bezüglich der Ein-/ Zuordnung der SMT als Psychotherapie einnimmt. Auch wenn er feststellt: „[…] Sozialmusiktherapie ist ihrem Wesen nach Psychotherapie", warnt er davor, Musiktherapie ausschließlich in Abhängigkeit zu psychotherapeutischen Konzepten legalisieren zu wollen.[142] Dies formuliert er auch im Hinblick darauf, dass das Anwendungsfeld der SMT breit gefächert und nicht nur „[…] im Schoße der institutionellen Mauern der Medizin […]" angesiedelt ist.[143]

An anderer Stelle führt er aus, dass die SMT in außerklinischen, sozialen Zusammenhängen ggf. ihr „therapierelevantes Geschehen" verleugnen muss, um zur Anwendung zu kommen.[144]

5.1.3.5 *Sozialpädagogische Musiktherapie*

Das durch ALMUT SEIDEL vertretene Konzept sozialpädagogischer Musiktherapie diente jahrelang als Basis des in Frankfurt am Main angesiedelten Weiterbildungsstudiums Musiktherapie.[145]

137 Schwabe und Haase (1998), 27
138 Jürgens (2001), 96
139 ebd.
140 Heinecke (1998), 203
141 Jürgens (2001), 93ff
142 Schwabe und Haase (1998), 42f
143 ebd.
144 Schwabe und Haase (1998), 38
145 Seidel (1992), 298

Dabei geht es um die Integration eines musiktherapeutischen Ansatzes in ausgewählte Bereiche der sozialen Arbeit, insbesondere in Tätigkeitsfelder der Kinder-, Jugend- und Familienhilfe.[146]

Das Arbeitsfeld lässt sich dadurch definieren, dass den Klienten die typischen Merkmale eines Psychotherapie-Patienten fehlen, dass sie selten aus eigener Motivation heraus eine Fachkompetenz (z. B. einen Psychotherapeuten) in Anspruch nehmen wollen und Menschen sind, deren Lebensumstände, Entwicklungs- und Aufwachsbedingungen eine ungestörte Sozialisation nicht zulassen.[147]

> „[...]; die Schäden, die ihnen dauerhaft und oft nicht veränderbar zugefügt und zugemutet werden, haben sich bei ihnen längst zu psychischen Deformierungen und inadäquaten Reaktionsmustern herausgebildet, werden aber immer noch so kontrolliert, dass die Menschen nicht aus dem System ihrer Lebensumstände herausfallen, also zunächst (noch) nicht als psychisch krank definiert oder behandelt werden, obwohl ihr Leiden und ihre Störungen solche Behandlung aus klinisch-medizinischer Sicht notwendig machen würden."[148]

Als theoretische Bezugssysteme werden nicht die Psychopathologie der Persönlichkeit und Krankheitslehren herangezogen, sondern Theorien zur defizitären und abweichenden Sozialisation und Gesundheit.[149]

Die sozialpädagogische Musiktherapie ist „nicht-diagnosespezifisch".[150]

Das Angebot richtet sich an den ganzen Menschen in seiner spezifischen Situation, ohne dass der Blick auf herausgehobene Aspekte begrenzt wird; die ich-stärkende Arbeit verfolgt das Ziel der Nachreifung und Entwicklungsbegleitung.[151]

Das Therapieverständnis ist in der Rolle des Begleitens, wie sich der Sozialarbeiter / Sozialpädagoge als Begleiter versteht, aufgehoben.[152] Das Konzept klientenzentrierter Psychotherapie und personenzentrierten Handelns hat in der sozialpädagogischen Musiktherapie einen hohen Stellenwert; in Menschenbild und Therapieverständnis ist der Mensch, die Person zentral und nicht die Krankheit.[153]

> „Sozialpädagogische Musiktherapie ist Beziehungsarbeit und folgt einem situativ-offenen, interaktionellen Prinzip. Die Basis ist die freie

146 Seidel (1992), 301
147 ebd.
148 ebd.
149 ebd.
150 Seidel (1992),302
151 ebd.
152 ebd.
153 ebd.

Improvisation, so wie sie als Handwerk in der Musiktherapie entwickelt worden ist."[154]

Der Arbeitsauftrag der sozialpädagogischen Musiktherapie besteht in Wachstumsförderung und Entwicklungsbegleitung, nicht in Heilung einer seelischen Krankheit; unter dieser Diktion, die berufspolitische und institutionelle Positionen einschließt, tritt der Begriff „Psychotherapie" zugunsten des Begriffs „Sozialtherapie" zurück.[155]

Sozialpädagogische Musiktherapie stellt damit eine Optimierung der sozialen Arbeit auf der Basis einer fachlich ausgereiften Spezialisierung dar.[156]

5.2 Folgerungen für die Einordnung der Musiktherapie als HzE

Die angeführten Beispiele belegen, dass die Verbindung von Musiktherapie mit pädagogischen, sonderpädagogischen oder sozialpädagogischen Arbeitsfeldern Tradition besitzt. Im Bereich der Sonder- und Heilpädagogik liegt eine der historischen Wurzeln der Musiktherapie; Musiktherapie ist hier ein psychotherapeutisches Behandlung- oder sonderpädagogisches Förderangebot für Kinder und Jugendliche, die relevante Störungen im Erleben, im Verhalten, im kognitiven Lernen oder im körperlichen Bereich zeigen.[157]

Für die Konzeptualisierung der Musiktherapie als HzE liefert vor allem das Konzept der „sozialpädagogischen Musiktherapie", wie es von ALMUT SEIDEL formuliert wurde, eine wichtige Grundlage.

Von einigen anderen Konzepten sollte sich Musiktherapie im Arbeitsfeld der HzE eher abgrenzen.

Der Begriff der „Pädagogischen Musiktherapie" erscheint ungeeignet, da er sich wesentlich am institutionellen Rahmen der Klienten und der Rolle des Therapeuten festmacht. Außerdem ist fraglich, ob es sich bei den Klienten der Erziehungshilfe überhaupt um Menschen mit „Behinderungen" und „Ausfallerscheinungen" im Sinne des von PROBST entwickelten Konzepts handelt.

Der Begriff „Musikalische Heilpädagogik" ist ebenfalls mit Vorsicht zu verwenden. Ihr Augenmerk liegt in der Behandlung von Menschen mit Behinderungen im ursprünglichen Sinn (z. B. mit hirnorganischen Schädigungen). So können bei Verwendung dieses Begriffs entsprechende Assoziationen nicht ausgeschlossen werden. Die Behandlung von Kindern und Jugendlichen, die sozialisationsbedingte Verhaltensauffälligkeiten zeigen – wie es im Bereich der HzE häufig der Fall ist – stellt eher eine Randerscheinung

154 ebd.
155 Seidel (1992), 303
156 ebd.
157 Mahns (1998), 152

innerhalb der musikalischen Heilpädagogik dar. Von daher scheinen sich diese Konzepte tendenziell eher für den Bereich der Eingliederungshilfe (§35a SGBVIII), als für den der HzE zu eignen.

Der von BEIMERT geprägte Begriff „Musische Sozialtherapie" ist prinzipiell ungeeignet, da er die Ausübung musiktherapeutischer Arbeit durch Nicht-Musiktherapeuten fordert. Allerdings ist sein Konzept in Bezug auf das institutionelle Umfeld und die Klientel klar im Bereich der HzE angesiedelt. Seine Zielsetzungen entspringen dem sozialpädagogischen Handlungsraum der Erziehungsberatung und können zur Konzeptualisierung der Musiktherapie als HzE herangezogen werden.

Die „Sozialmusiktherapie" stellt mit ihrem Konzept der sozialen Kompetenz interessante Ansatzpunke für den Einsatz der Musiktherapie im Bereich der sozialen Arbeit zur Verfügung. Sie ist, wie auch die „Sozialpädagogische Musiktherapie", von ihrem Verständnis her fördernd und wachstumsorientiert. Der Begriff „Sozialmusiktherapie" meint aber ein umfassendes Musiktherapiekonzept, das mit der Geschichte der Musiktherapie in der DDR, insbesondere mit SCHWABE verbunden ist und an entsprechenden Bildungseinrichtungen gelehrt wird. Er sollte deshalb nicht – als solches – für die Entwicklung eines Konzepts der Musiktherapie als HzE „verbogen" werden, obgleich inhaltliche Überschneidungen nicht ausgeschlossen sind.

SCHWABE stellt beispielhaft dar, dass es für Musiktherapie nicht erforderlich – und auch nicht in jedem Fall zuträglich – ist, sich als Psychotherapie im medizinischen Sinne zu verstehen.

5.2.1 Zuordnung zur sozialpädagogischen Musiktherapie

Musiktherapie im Kontext der HzE kann als „sozialpädagogische Musiktherapie" (→ Kap 1.1.3.5) betrachtet werden.

„Sozialpädagogische Musiktherapie" ist ein für verschiedene musiktherapeutische Strömungen offenes Konzept. Sie kann ihrem Wesen nach genauso konflikt- wie verhaltenszentriert sein.[158] Durch ihren diagnoseunspezifischen Ansatz grenzt sie sich vom klinischen Einsatzgebiet der Musiktherapie ab.

Dabei wird der psychotherapeutische Charakter der Musiktherapie nicht verleugnet, sondern tritt gegenüber einer alltagsorientierten Sichtweise in den Hintergrund.

Es sind gleichermaßen selbständige ambulante musiktherapeutische Tätigkeiten, als auch Tätigkeiten im institutionellen Rahmen inbegriffen.

158 Seidel (1992), 303

5.3 Ziele therapeutischer Erziehungshilfen

Im SGB VIII werden die Ziele der Kinder- und Jugendhilfe und die Ziele der HzE benannt:

Als allgemeiner Grundsatz der Kinder- und Jugendhilfe werden im Gesetz die „Förderung der Entwicklung" und die „Erziehung zu einer eigenverantwortlichen und gemeinschaftsfähigen Persönlichkeit" benannt (→ Kap. 1.1.1).

Im Bereich der HzE werden in den §§28ff SGB VIII folgende Ziele benannt: Die „Bewältigung individueller und familienbezogener Probleme", die „Überwindung von Entwicklungsschwierigkeiten und Verhaltensproblemen", die „Bewältigung von Entwicklungsproblemen", das „soziales Lernen in der Gruppe", die „Förderung der Entwicklung" durch die Verbindung von „Alltagserleben mit pädagogischen und therapeutischen Angeboten", sowie die „Unterstützung" zur „sozialen Integration" und zu einer „eigenverantwortliche Lebensführung".

Dabei lässt das Gesetz weitestgehend offen, wie und mit welchen konkreten Methoden diese Ziele in der Praxis erreicht werden sollen.

Auch darüber, was eine therapeutische Leistung im Rahmen der HzE ist, schweigt der Gesetzgeber im SGB VIII.

Eine mögliche Definition der Zielsetzung von (Psycho-) Therapie als HzE liefert die Berliner „AV-Psychotherapie-ambulant" unter Ziffer 2:

> Sie [Psychotherapie] hat das Ziel, zentrale als belastend empfundene Verhaltensweisen und Einstellungen, die auf der psychischen Ebene eine tiefe lebensgeschichtliche Bedeutung haben, zu verändern sowie neue Handlungsmöglichkeiten und Perspektiven zu gewinnen. Zentrale Ziele psychotherapeutischer Tätigkeit sind die Förderung und Reifung der Persönlichkeit, der Abbau von Verhaltensstörungen und Problemen, die die familiäre, soziale, schulische und berufliche Integration beeinträchtigen, sowie Krisenintervention und Prävention.

Wie zu sehen ist, können Psychotherapie und Musiktherapie durchaus ähnliche Ziele verfolgen, auch wenn Musiktherapie keine Psychotherapie im Sinne des PsychThG darstellt.

Legt man die Berliner Definition von Psychotherapie als HzE zugrunde, könnte für musiktherapeutische Erziehungshilfen folgende Zieldefinition übernommen werden:

Musiktherapie hat das Ziel, zentrale als belastend empfundene Verhaltensweisen und Einstellungen zu verändern sowie neue Handlungsmöglichkeiten und Perspektiven zu gewinnen. Zentrale Ziele der musiktherapeutischen Tätigkeit sind die Förderung und Reifung der Persönlichkeit, der Abbau von Verhaltensstörungen und Problemen, die die familiäre, soziale, schulische und berufliche Integration beeinträchtigen, sowie Prävention.

Eine therapeutische Leistung im Sinne des §27 SGB VIII grenzt sich von der klinischen Therapie schließlich dadurch ab, dass ihre Ziele stets in der „Förderung" und „Unterstützung" von jungen Menschen auszumachen sind und nicht in der „Heilung" von Krankheit.

6 Grenzen der klassischen Erziehungshilfen und Argumente für das therapeutische Setting

Bevor die in Kapitel 5 beschriebenen klassischen Erziehungshilfen auf ihre Bedeutung für die Musiktherapie untersucht werden (Kapitel 7), beschäftigt sich Kapitel 6 mit einer weiteren grundlegenden Frage:

Wieso soll der Methodenkanon der HzE überhaupt durch ein musiktherapeutisches Angebot erweitert werden? Welches besondere Potenzial bietet Musiktherapie als Methode der HzE?

Der Antwort auf diese Frage versuche ich über einen kleinen Umweg näher zu kommen:

Sind in der jetzigen Versorgungssituation auf dem Gebiet der HzE Lükken oder Defizite erkennbar, die den Einsatz neuer Methoden erfordern?

Wenn ja, könnte Musiktherapie als HzE dort ansetzen, wo in der bisherigen Versorgung der Klienten Defizite bestehen oder die tradierten Hilfen an ihre Grenzen stoßen.

Damit könnte auch ein spezieller Adressatenkreis ins Auge gefasst werden: Klienten, die von den bisher angebotenen Hilfen nicht im erwünschten Ausmaß profitieren konnten.

Im Folgenden stelle ich einige Schwächen der klassischen Erziehungshilfen dar und übe Kritik am Erziehungshilfesystem. Als Grundlage dient hierbei die eigene Berufserfahrung als Sozialarbeiter im Bereich der Kinder- und Jugendhilfe.

6.1 Überbetonung des Systemischen

Die Auffassung, dass sich HzE immer an das gesamte System zu richten hat und die Umsetzung von Lebensweltorientierung durch die aktive Beteiligung des Umfelds an der HzE, bergen die Gefahr in sich, dass der junge Mensch aus dem Mittelpunkt der Hilfe verschwindet. Dazu trägt auch die fälschliche Auffassung bei, HzE müsse sich immer an die Personensorgeberechtigten richten, da diese die Leistungsberechtigten sind.

Die Arbeit mit dem Kind oder Jugendlichen und die Arbeit mit dem System personell zu entkoppeln kann helfen, Loyalitätskonflikte in der Arbeit zu vermeiden und einen besseren, vertrauensvolleren Zugang zum Erleben der Situation aus der Sicht des Kindes zu erhalten (siehe hierzu Kap. 6.3).

Unter der anhaltenden Konzentration der sozialen Arbeit auf Lebenswelt- und Alltagsorientierung sind die Chancen, die aus der speziellen therapeutischen Beziehung erwachsen, bisher nicht ausreichend berücksichtigt worden. Therapeutisch ausgebildete Einzelfallhelfer könnten ein besonderes Angebot zur Verfügung stellen, das den Fokus der Hilfe wieder auf den jungen Menschen legt. Das soziale Umfeld wird dabei als zu analysierender Faktor mit einbezogen.

Für die sozialpädagogische Arbeit birgt die übermäßige Konzentration auf das System eine weitere Gefahr: Wenn die Ursachen für die Auffälligkeiten der Kinder und Jugendlichen „nur noch“ im System gesehen werden, droht die Hilfe dort zu scheitern, wo sich Systeme als veränderungsresistent erweisen. Hilfemaßnahmen werden dann beendet, weil die für die Erziehung verantwortlichen Personen nicht zu einer Mitarbeit bereit (oder in der Lage) sind.

Der Wunsch, die Aufwachsbedingungen des Kindes oder Jugendlichen zu verbessern, also die Ursachen der Verhaltensauffälligkeit zu beseitigen, führt dann zur Resignation.

Dem jungen Menschen zu einem neuen Umgang mit den ihn belastenden Faktoren zu verhelfen, stellt in einer solchen Situation einen Ausweg dar.

6.2 Überforderung in der Gruppe

Kinder und Jugendliche sind auf Gruppen angewiesen, sie sind faktisch immer in Gruppen. Gerade Kinder, die in Gruppen nicht „funktionieren“ sind die Adressaten der HzE. Die Wirklichkeit im Gruppenalltag der Erziehungshilfeeinrichtungen trägt diesem Umstand bisher nur begrenzt Rechnung. Hier kann z. B. die Größe der Gruppe schnell zum Problem werden.

Immer wieder sind Autoren der Meinung, Verhaltensauffälligkeiten und Defizite der sozialen Kompetenz am besten in Gruppen behandeln zu können. Dem ist entgegenzuhalten, dass Gruppenfähigkeit nicht dadurch erreicht wird, dass man jemanden in eine Gruppe gibt.

Es muss zwischen den verschiedenen Typen von Gruppen differenziert werden. Gruppe ist eben nicht gleich Gruppe; z. B. HeimGRUPPE vs. TherapieGRUPPE.

Im Kontext der HzE kommt es immer wieder vor, dass Kinder bzw. Jugendliche in einer HeimGRUPPE, TagesGRUPPE oder LernGRUPPE „nicht tragbar“ sind und die Maßnahmen beendet werden müssen.

Die Reduzierung der „Gruppenzeit“ durch die alternative Bereitstellung von therapeutisch fundierter Einzelbetreuung könnte helfen, einen langen stationären Aufenthalt in einer Psychiatrie zu verhindern. Ebenso stellt sich häufig die Frage, wie Kinder, bzw. Jugendliche mit schweren Störungen des Sozialverhaltens nach einer stationären psychiatrischen Behandlung wieder in die Gruppen der Erziehungshilfeeinrichtungen integriert werden können. Auch hier besteht durchaus der Bedarf an einer therapeutischen Integrationshilfe.

Die Gruppe kann, gerade bei einer schambesetzten Thematik, eine weitere Hürde darstellen. Besonders kritisch ist dies zu werten, wenn die Gruppenmitglieder in zu engem Kontakt stehen. Wo zwischen 9 und 15 Kinder auf begrenztem Raum miteinander umgehen (zum Beispiel in einer Tagesgruppe) kann gerade die dort entstehende Gruppendynamik verhindern, sich innerhalb dieser Gruppe anzuvertrauen. Sich zu öffnen birgt die Gefahr angreifbar zu sein. Dabei muss bedacht werden, dass die Kinder in einer Tagesgruppe (→ Kap. 4.6) häufig auch die Schulzeit miteinander verbringen.

Gruppen bieten eben auch die Möglichkeit sich zu verstecken, bzw. es zu vermeiden, mit der eigenen Persönlichkeit und den eigenen Konflikten in Erscheinung zu treten.

Der Gruppenalltag von Erziehungseinrichtungen hat nichts mit einer therapeutischen Gruppe gemein. Zwar werden innerhalb einer stationären oder teilstationären Maßnahme die Verhaltensauffälligkeiten der Kinder und Jugendlichen im Normalfall schnell sichtbar, ein spezifisches – auf den Einzelfall abgestimmtes –, fundiertes Behandlungskonzept ist aber nur selten vorhanden.

Lautstärke und Hektik innerhalb von Gruppen in Erziehungseinrichtungen können Kinder, Jugendliche und Pädagogen gleichermaßen überfordern. Gerade Kinder mit Aufmerksamkeitsstörungen haben Schwierigkeiten sich ausreichend abzugrenzen.

Die Anwendung von Einzelbetreuung, Einzelmusiktherapie oder eines spezielles gruppentherapeutischen Angebots kann einen Ausgleich zur hektischen Betriebsamkeit der (Alttags-)Gruppe – einen Schonraum – bereitstellen.

6.3 Helfer in unklaren Rollen

Sozialarbeiter, Pädagogen und Erzieher befinden sich regelmäßig in Rollen, die eine vertrauensvolle Arbeit mit dem Kind oder Jugendlichen behindern können.

Sie sind in Tageseinrichtungen oder in der Heimerziehung gezwungen, den Tagesablauf aufrecht zu erhalten. Sie müssen permanent zwischen den Anforderungen des Einzelfalls und den Bedürfnissen der Gruppendynamik abwägen.

Einerseits bemühen sich die Pädagogen im Gruppenalltag, einen emotionalen Zugang zu den Kindern und Jugendlichen zu finden, während sie gleichzeitig durch den Einsatz von Sanktionen in Erscheinung treten. Hier liegt eine Chance und zugleich eine Gefahr; der junge Mensch wird vor die Aufgabe gestellt, die positiven und negativen Anteile in der Person des Erziehers zu integrieren, was für ihn unter Umständen eine (zu) hohe Anforderung darstellt.

Diese Aufgabe wird sich auch im therapeutischen Setting stellen. Hier besteht aber die Möglichkeit eines behutsameren Vorgehens, da der Alltag eben nur im Blick ist, aber das Beziehungsgeschehen nicht durch den Zwang der Alttagsbewältigung „kontaminiert" wird.

Tatsächlich finden sich im Bereich der „Heimerziehung", ebenso wie im Bereich der „Erziehung in einer Tagesgruppe" immer wieder junge Menschen mit frühkindlichen Störungen, die mit der Beziehungsgestaltung im Kontext dieser Einrichtungen überfordert sind.

In der Heimerziehung wechseln sich die Mitarbeiter im Schichtdienst ab. Intimität und Vertrauen sind gefährdet, wenn die Kommunikation der Kollegen untereinander dazu führt, dass aus der Sicht des Kindes oder Jugendlichen Geheimnisse weitergetragen werden.

Für gewöhnlich führen die Pädagogen auch die Elterngespräche durch. Sie befinden sich zwischen den Stühlen. Die Kinder haben Phantasien und Befürchtungen bezüglich dieser Gespräche. Das Vertrauen steht auf dem Spiel wenn die Kinder befürchten, dass alles ihren Eltern weitererzählt wird. Im Gegenzug ist evtl. das Vertrauen der Eltern in die Beratung gefährdet, wenn der Pädagoge einseitig Partei für das Kind ergreift.

Mit dem Einsatz von Musiktherapie als HzE kann diesem Umstand begegnet werden, indem Umfang und Qualität der Schweigepflicht entsprechend verhandelt werden und das musiktherapeutische Geschehen unabhängig von der Erziehungsberatung der Eltern stattfinden kann.

Die Rolle des traditionellen Erziehungsbeistands, der sich aus der ehrenamtlichen Tätigkeit entwickelt hat, wird oft heruntergespielt. Er soll dem Kind oder Jugendlichen quasi als „institutionalisierter Freund" zur Seite stehen.[159] Er wird als ganz „persönlicher Sozialarbeiter", der einen ein- bis zweimal pro Woche besucht oder mit dem man Unternehmungen macht, angepriesen.[160]

Erziehungsbeistandschaft in Form einer wöchentlichen Musiktherapie würde ein klares Rollenverständnis und ein festes Setting bieten.

6.4 Wirkfaktoren psychotherapeutischer Arbeit

Das überwiegend sozialpädagogische Angebot der HzE hat es bisher versäumt, sich die Wirkfaktoren psychotherapeutischer Arbeit zunutze zu machen. Ein Grund dafür liegt in der Qualifikation des Personals, das in der Regel nicht therapeutisch ausgebildet ist. Ein weiter Grund liegt in der Be-

159 Möller (1999), 77

160 Bundsarbeitsgemeinschaft der Landesjugendämter / Internationale Gesellschaft für erzieherische Hilfen [Hrsg.] (2003), 29

sonderheit des therapeutischen Settings, das im sozialpädagogischen Alltag innerhalb von Erziehungshilfeeinrichtung nur schwer herzustellen ist.

Musiktherapie als HzE kann den Kindern und Jugendlichen einen Rahmen und eine Beziehung zur Verfügung stellen, die sie von den konventionellen Gruppen- und Einzelangeboten der HzE unterscheidet. Die Wirkung des musiktherapeutischen Angebots wird unter anderem durch die Haltung des Therapeuten, das therapeutische Basisverhalten und die dazugehörigen Settingvariablen hervorgerufen.

Das therapeutische Setting bietet dem jungen Menschen eine außergewöhnliche Möglichkeit zum Aufbau einer intensiven und emotional besetzten Beziehung. Der geschützte therapeutische Rahmen stellt einen besonderen Raum zur Verfügung um die eigene Person, die Rolle im System der Familie und das soziale Umfeld zu reflektieren und sich selbst zu erfahren.

So kann der Klient unter kompetenter Anleitung seine Problemlage analysieren und bewältigen. Er kann ein Erklärungsprinzip bezüglich der Ursachen seiner Schwierigkeiten und eine damit zusammenhängende Methode der Veränderung entwickeln.

Wärme, Empathie und Echtheit des Therapeuten sind eine entscheidende Voraussetzung.

6.4.1 Zur besonderen Bedeutung und Funktion der Musik

Der musikalische Zugang bietet ein besonderes Kontakt- und Beziehungsangebot.

Gerade für Jugendliche besitzt Musik einen hohen Stellenwert:

> „Jugendliche suchen und entwickeln kontinuierlich soziokulturelle Orientierungsmuster, um sich zu identifizieren, sich zugehörig zu fühlen und sich abzugrenzen. [...] Sie sozialisieren sich selbst durch ihre Wahl der Mitgliedschaft in Kulturen, durch ihre Anstrengungen, sich mit den gewählten kulturellen Codes vertraut zu machen, [...]. Jugendliche suchen bei ihrem Umgang mit Musik und Musikvideos Informationen über ihr soziales Leben und ihr zukünftiges Erwachsenenleben."[161]

Musiktherapie kann diesem Umstand auf besondere Weise Rechnung tragen:

Neben dem gemeinsamen Musizieren besteht für die Kinder und Jugendlichen die Möglichkeit, ihre (Lieblings-) Musik in die Therapie mitzubringen.

Das gemeinsame Musikhören bietet für den Therapeuten einen besonderen Zugang zum Klienten, der seine Musik nutzt, um etwas auszudrücken, was verbal nicht kommunizierbar erscheint. Hier ist dem Standpunkt von ROESKE beizupflichten:

161 Müller (2004), 76

> „Diesem rezeptiven Ansatz sollte allgemein mehr Beachtung geschenkt werden. Besonders bei Jugendlichen bietet sich die Möglichkeit eines besonderen Zugangs zu ihrer spezifischen Erlebniswelt. Das implizite Mitteilen von Zusammenhängen, Erlebnissen oder Konflikten gelingt hier oft besser als in freien Improvisationen, da das rezeptive Musikerleben näher an die Alltagsrealität der Jugendlichen gekoppelt ist.“[162]

In der Musiktherapie mit Kindern und Jugendlichen kommt der Musik hinsichtlich der Bedeutung von Klang und Instrument eine spezifische Funktion als Ergänzung zu anderen Ausdrucksmitteln wie Spielen, Malen, Gespräch, Bewegung und Tanz zu.[163]

Innerhalb des musikalischen Geschehens ergeben sich Wachstumschancen in Bezug auf die Förderung der Kommunikations- uns Ausdrucksfähigkeit.

Die Musik bietet die Möglichkeit zur Rekonstruktion des seelischen Geschehens mit dem Ziel von Erkennen, Verstehen und auch verbalem Bearbeiten.[164]

Nach psychoanalytischem Verständnis drückt sich das Seelische im Handeln symbolhaft aus und kann so verstanden werden.[165] Musiktherapie bezieht sich im Wesentlichen auf diese Ebene. Im Spiel der gemeinsamen Improvisation werden seelische Formenbildungen, Lebensentwürfe, Haltungen und Konflikte ausgedrückt und verdichtet.[166] In einem zweiten Schritt werden diese verbalisiert. Typischerweise entsteht ein Wechselspiel zwischen Improvisieren und Verbalisieren.

Eine ausführliche Beschreibung der verschiedenen Funktionen der Musik in der Therapie,

- Musik als Halt, Rahmen oder Gefäß „Container“,
- Musik als basaler Sinnesstimulus,
- Musik als Integrator,
- über die Vehikelfunktion der Musik
- ihre Funktion als Katalysator,
- die Funktion der Musik als Zeugin und emotionale Resonanzgeberin,
- ihrer Funktion als Übergangsobjekt,
- die Funktion der Musik als Intermediärobjekt,

---

162 Roeske (2003), 13
163 Mahns (1998), 156
164 Mahns (1998), 156f
165 Petersen (1998), 176ff
166 ebd.

- ihrer Funktion als Projektionsfläche,
- Funktion der Musik als Ressource,
- die soziokulturelle Funktion der Musik,

findet sich bei FROHNE-HAGEMANN / PLEß-ADAMCZYK (2005) S. 95ff und braucht hier nicht weiter diskutiert zu werden.

6.5 Versorgungslücken

Bei bestimmten Problemlagen kann es im Bereich der HzE zu einer Unterversorgung kommen. Dieser Fall tritt z. B dann ein, wenn eine laufende Hilfemaßnahme plötzlich abgebrochen wird.

Ebenso kommt es vor, dass die angebotene Hilfe von den Personensorgeberechtigten abgelehnt wird.

Damit das Jugendamt den Kontakt zu der betreffenden Familie nicht vollkommen verliert, wird häufig eine alternative Hilfe vorgeschlagen.

Aus den Gründen für das Scheitern einer Maßnahme, kann auf die mögliche Beschaffenheit einer akzeptablen Alternative geschlossen werden.

Im ambulanten Bereich versucht das Jugendamt häufig über das Installieren einer „sozialpädagogischen Familienhilfe“ einen Einstieg in die HzE zu realisieren. Diese Form der Hilfe ruft manchmal den Widerstand der Sorgeberechtigten hervor. Sie möchten nicht, dass eine fremde Person Einblick in den intimen Bereich des innerfamiliären Miteinanders erhält. Sie können oder wollen ihre Überforderung im Bereich der Erziehung nicht eingestehen. Darum wird die angebotene Hilfe zuweilen abgelehnt oder abgebrochen.

Wenn bei den Sorgeberechtigten (noch) keine Bereitschaft zu der Annahme einer derartigen Hilfe besteht, kann das Jugendamt eine Maßnahme anbieten, die sich überwiegend auf den jungen Menschen bezieht. Entsprechende Gruppen- oder Einzelangebote könnten auf der Grundlage musiktherapeutischer Methoden gestaltet werden (→ Kap. 7.2f).

Eine ähnliche „Lücke“ klafft zwischen dem stationären und teilstationären Bereich der HzE. Teilstationäre Maßnahmen werden beendet, wenn die Verhaltensschwierigkeiten der Kinder oder Jugendlichen die für den Rahmen einer teilstationären Maßnahme gesetzten Grenzen überschreiten, oder wenn auf Seiten der Sorgeberechtigten die Bereitschaft zur Zusammenarbeit fehlt.

6.6 Argumente für den Einsatz von Musiktherapie als HzE

Die dargestellten Positionen können folgendermaßen zusammengefasst und ergänzt werden:

- Das überwiegend sozialpädagogische Angebot der HzE hat es bisher versäumt sich die Wirkfaktoren psychotherapeutischer Arbeit zueigen zu machen. Ein Grund dafür liegt in der Qualifikation des Personals, das in der Regel nicht therapeutisch ausgebildet ist.
- Musiktherapie als HzE kann den Kindern und Jugendlichen einen Rahmen und eine Beziehung zur Verfügung stellen, wodurch sie sich von den konventionellen Gruppen- und Einzelangeboten der HzE unterscheiden.
- Das therapeutische Setting bietet dem jungen Menschen eine außergewöhnliche Möglichkeit zum Aufbau einer intensiven und emotional besetzten Beziehung.
- Die Wirkung des musiktherapeutischen Angebots wird unter anderem durch die Haltung des Therapeuten, das therapeutische Basisverhalten und die dazugehörigen Settingvariablen hervorgerufen. Wärme, Empathie und Echtheit des Therapeuten sind entscheidende Voraussetzungen.
- Der geschützte therapeutische Rahmen stellt besondere Möglichkeiten zur Verfügung, die eigene Person, die Rolle im System der Familie und das soziale Umfeld zu reflektieren und sich selbst zu erfahren.
- Der Klient kann unter kompetenter Anleitung seine Problemlage analysieren und bewältigen. Er kann ein Erklärungsprinzip bezüglich der Ursachen seiner Schwierigkeiten und eine damit zusammenhängende Methode der Veränderung entwickeln.
- Musiktherapie bietet den Kindern und Jugendlichen einen kreativen Spiel-Raum, der zur freien Persönlichkeitsentfaltung einlädt.
- Musiktherapie als Hilfe zur Erziehung kann auch zur Begleitung und Unterstützung anderer Erziehungshilfen hinzugezogen werden.
- Auch wenn die Personensorgeberechtigten (noch) nicht bereit sind mit den Diensten oder Einrichtungen der HzE zusammenzuarbeiten, stellt das musiktherapeutische Angebot, in dessen Mittelpunkt die Arbeit mit dem jungen Menschen steht, eine mögliche Form der Hilfe dar.

7 Musiktherapie im Kontext der klassischen Hilfen zur Erziehung

Bezug nehmend auf Kapitel 5 werden die (klassischen) Erziehungshilfen nach Maßgabe der §§28-35 SGBVIII nun im Hinblick auf die Implementierung eines musiktherapeutischen Angebots diskutiert.

Vorweg noch einige allgemeine Bemerkungen:

Selbstverständlich kann Musiktherapie als HzE unabhängig von den hier aufgezählten Hilfeformen gemäß §§28-35 angeboten werden. Dabei wird sich das Angebot zunächst an die öffentlichen, örtlichen Träger der Jugendhilfe richten. Ihnen obliegt die Aufgabe, den Klienten ein geeignetes Hilfeangebot vorzuschlagen – entsprechend den Erfordernissen des Einzelfalls (→ Kap 3.1f).

Wenn sich aus den Inhalten der §§28-35 eine Legitimation musiktherapeutischer Angebote ableiten lässt, könnte sich ein Konzept der Musiktherapie als HzE direkt darauf beziehen; vorhandene Strukturen könnten entsprechend genutzt werden, wenn Musiktherapie als Maßnahme nach §§28-35 gewährt würde. Wo der Gesetzgeber bereits Ziele formuliert hat, zu deren Erreichung Musiktherapie geeignet scheint, sollte darauf Bezug genommen werden.

Von besonderem Interesse sind die §§28, 29, 30, 32, 34 und 35: hier finden sich im Gesetzestext Formulierungen, die auf den Einsatz therapeutischer Mittel hinweisen; es werden Ziele benannt, zu deren Erreichung psychotherapeutische Methoden als geeignet erscheinen, auch wenn sie als solche nicht explizit genannt sind: „Bewältigung individueller und familienbezogener Probleme" (§28), „Überwindung von Entwicklungsschwierigkeiten und Verhaltensproblemen" (§29), „Bewältigung von Entwicklungsproblemen" (§30), „soziales Lernen in der Gruppe" (32), „Alltagserleben mit pädagogischen und therapeutischen Angeboten" (§34), „soziale Integration" (§35), „Eigenverantwortliche Lebensführung" (§35) und „Verselbständigung" (§30).

7.1 Musiktherapie in der Erziehungsberatung

Im Aufgabengebiet der Erziehungsberatung ist der Auftrag psychotherapeutischer Behandlungen am eindeutigsten formuliert. Musiktherapie kann hier an den jungen Menschen, die an der Erziehung mitwirkenden Personen oder an das gesamte System gerichtet sein.

Wenn mit dem jungen Menschen zur Bewältigung seiner individuellen und familienbezogenen Probleme individuell musiktherapeutisch gearbeitet wird, kann die Einbeziehung des familiären Systems durch intensive Elternarbeit oder in der Form von Beratung durch einen Kollegen aus dem Team nach einem anderen methodischen Ansatz geleistet werden.

Entsprechende Musiktherapiekonzepte können entwickelt und den Trägern bzw. Leitern der Beratungsstellen vorgestellt werden. Dabei sollten systemische Ansätze der Musiktherapie – z. B. nach Zeuch / Hänsel / Jungaberle (2004) und Timmermann (2003) – besonders berücksichtigt werden, da diese dem Verständnis von Beratung innerhalb der HzE besonders nahe stehen.

Es ist aber unrealistisch, in diesem Bereich auf eine Festanstellung als „reiner" Musiktherapeut zu hoffen.

Vereinzelt sind bereits Musiktherapeuten in Erziehungsberatungsstellen tätig. Erziehungsberatungsstellen führen häufig auch Angebote durch, die nicht in Bezug zur HzE zu sehen sind. In der Beratungsstelle der Caritas im Roncalli-Haus in Wiesebaden bestand über mehrere Jahre das kostenlose Angebot einer musiktherapeutischen Gruppe mit präventivem Charakter für Kinder. Die Finanzierung wurde über eine Projektfinanzierung durch die „Aktion Mensch" geregelt. Die Musiktherapeutin arbeitete auf Honorarbasis. Im Rahmen dieses Projekts wurden auch einige Musiktherapiesitzungen mit ganzen Familien durchgeführt.

Freiberuflich tätige Musiktherapeuten können als Einzelperson prinzipiell keine Angebote nach §28 durchführen, da sie der geforderten Methodenvielfalt und dem Team-Gedanken nicht gerecht werden. Mit der Methodenvielfalt und dem geforderten Zusammenwirken von Fachkräften verschiedener Fachrichtungen bezieht sich §28 aber ausschließlich auf das Angebot der „institutionellen Beratung".[167] Das heißt im Umkehrschluss, dass Musiktherapeuten selbstverständlich ein ambulantes musiktherapeutisches Angebot nach den Zielvorstellungen der Erziehungsberatung, wie sie in §28 genannt sind (u. a. Bewältigung der o.g. Problemlagen) durchführen können, dieses Angebot allerdings nicht unter diesem Paragraphen zu führen ist, da es dort um „institutionelle Beratung" geht.

Um Leistungen der Erziehungsberatung nach §28 zu erbringen wäre ein Zusammenschluss von mindestens drei Fachkräften (z. B. ein Sozialarbeiter, ein Psychologe und ein Musiktherapeut) nötig.

Für Sozialarbeiter und Sozialpädagogen mit musiktherapeutischer Zusatzqualifikation ist dieser Arbeitsbereich von besonderem Interesse. Sie könnten bei einer Einstellung in einer Erziehungsberatungsstelle Musiktherapie in die (herkömmliche) Beratungstätigkeit integrieren.

Davon abgesehen stellt die Erziehungsberatungsstelle als Institution einen wesentlichen Multiplikator dar. Wenn es gelingt, die Mitarbeiter und Klienten der Erziehungsberatungsstellen vom Potential der Musiktherapie als HzE zu überzeugen, könnten sie in der Hilfeplanung darauf drängen, diese Form der Hilfe zu gewähren.

---

167 Fiesler / Schleicher (1998), 1 / §28 Rz. 1

7.2 Musiktherapie und soziale Gruppenarbeit

Ein musiktherapeutisches Gruppenangebot nach §29 würde das Ziele der „Überwindung von Entwicklungsstörungen und Verhaltensproblemen" sowie die „Entwicklung und Stärkung der sozialen Kompetenzen" in den Vordergrund stellen. Als Klientel wären also überwiegend verhaltensauffällige Kinder- und Jugendliche ins Auge zu fassen.

Ein solches ambulantes Angebot kann von freiberuflichen Musiktherapeuten angeboten werden. Zu beachten ist, dass die Erziehungshilfen prinzipiell auf Freiwilligkeit angelegt sind. Auch wenn die öffentlichen Träger der Jugendhilfe ein derartiges Angebot unterstützen, müsste sich in der Praxis erst noch zeigen, ob und wie das Angebot von den Kindern und Jugendlichen angenommen wird.

Die Durchführung von „musiktherapeutischer sozialer Gruppenarbeit" kann auch innerhalb von Erziehungsberatungsstellen stattfinden (s. o.). Das von RALF BEIMERT entwickelte Konzept von Musiktherapie in der Erziehungsberatung weist, auch wenn es von der Fachlichkeit der Musiktherapie her abzulehnen ist, in diese Richtung.

Eine weitere, besondere Perspektive ergibt sich aus der Tatsache, dass die Teilnahme an sozialer Gruppenarbeit auch im Rahmen des Jugendstrafrechts angeordnet werden kann. Hier könnten Musiktherapiekonzepte greifen, die sich mit Aggression, Delinquenz und sozialer Kompetenz befassen. Warum sollte es nicht einen sozialen Trainingskurs oder ein Anti-Aggressionstraining auf der Basis eines musiktherapeutischen Konzepts geben? Ein Projektkonzept zur Gewaltprävention mittels Musiktherapie wurde jüngst von WÖLFL vorgestellt.

Neben einer freiberuflichen Tätigkeit sollte hier auch die Möglichkeit ins Auge gefasst werden, sich einem bereits bestehenden Verein anzuschließen, der soziale Gruppenarbeit anbietet.

7.3 Erziehungsbeistand und Musiktherapie

Der Gesetzgeber hat als Aufgabe des Erziehungsbeistandes die „Unterstützung bei der Bewältigung von Entwicklungsproblemen" und die „Förderung der Selbständigkeit" formuliert.

Diese Aufgabe wird üblicherweise von hauptamtlichen Sozialarbeitern / Sozialpädagogen übernommen.[168] Da die Hilfe in der Regel in der Form von Einzelbetreuung erbracht wird, könnte hier das musiktherapeutische Einzelsetting angewendet werden.

168 Fiesler / Schleicher (1998), 4 / §30 Rz. 10

Auf die inhaltliche Ausgestaltung der Tätigkeit des Erziehungsbeistands wurde im Gesetz verzichtet. Entsprechenden wird diese Aufgabe unterschiedlich wahrgenommen.

Es ist kein Grund ersichtlich, der es verbieten würde, musiktherapeutische Methoden zur Erreichung der genannten Ziele anzuwenden. Vielmehr wäre die spezielle Qualifikation von Musiktherapeuten als Optimierung und Ausdifferenzierung des sozialpädagogischen Handelns in diesem Bereich zu werten.

Eine Indikation für die Anwendung von Musiktherapie als Methode der Einzelfallhilfe nach §30 könnte durch das Vorhandensein bestimmter belastender Faktoren, z. B. (psychisch-) kranke Eltern, gegeben sein. So kann es innerpsychische Gründe dafür geben, dass Autonomie nicht gelebt werden kann, und folglich keine altersangemessene Selbständigkeit erreicht wird. Zur „Förderung der Selbständigkeit" wäre dann eine psychotherapeutisch orientierte Methode, wie sie die Musiktherapie darstellt, eine angemessene Wahl.

Eine Tätigkeit als Erziehungsbeistand ist auch für freiberufliche Musiktherapeuten in Betracht zu ziehen. Die Anstellung in einer Institution der Erziehungshilfe ist für die Ausübung der Tätigkeit keine Voraussetzung.

Ebenso besteht auch hier die Möglichkeit, sich einem Verein anzuschließen, der diese Form der Hilfe bereits erbringt.

7.4 Musiktherapie in einer Tagesgruppe

Musiktherapie kann sich in diesem Bereich an dem Ziel „soziales Lernen innerhalb der Gruppe" orientieren, also in Form von Gruppenmusiktherapie angeboten werden. Als „Grundsatz der Förderung von Kindern in Tageseinrichtungen" ist in §22 SGB VIII die „Entwicklung des Kindes zu einer eigenverantwortlichen und gemeinschaftsfähigen Person" genannt. Auch hierauf sollte sich ein musiktherapeutisches Angebot im Rahmen einer Tagesgruppe beziehen.

Um fachlichen und berufsethischen Standards gerecht zu werden, sollte der Musiktherapeut ausschließlich im Rahmen der Musiktherapie tätig werden, also keine anderen Positionen innerhalb der Einrichtung oder Funktionen im Alltag der Tagesgruppe inne haben.

Nach dieser Maßgabe kommt für Musiktherapeuten ein Engagement auf Honorarbasis innerhalb der Einrichtung einer Tagesgruppe in Frage.

Konzeptionell muss sich der Musiktherapeut gut überlegen, an wen sich das Angebot richten soll. Will er mit der gesamten Gruppe einschließlich der Betreuer oder nur mit den Kindern und Jugendlichen arbeiten? Können die Kinder und Jugendlichen jedes Mal aufs Neue selbst entscheiden, ob sie das

Angebot der Musiktherapie wahrnehmen möchten oder werden sie unter der Androhung von Sanktionen zur Musiktherapie „überredet“? Muss die Gruppe immer gleich sein? Kann die Gruppe auch stattfinden wenn sich nur wenige Kinder anmelden? Ist die Gruppe offen oder geschlossen? Wie wird die Aufsichtspflicht gewährleistet wenn Kinder den Musiktherapieraum noch während der Stunde verlassen?

Die Frage der Freiwilligkeit muss deshalb beachtet werden, weil die Kinder im Rahmen der teilstationären Maßnahme der Erziehung in einer Tagesgruppe wesentlich stärker an die Weisungen der Pädagogen im Gruppendienst gebunden sind, als das bei ambulanten Angeboten der Fall ist. Wenn die Pädagogen die Freizeitaktivitäten der Kinder und Jugendlichen über deren Köpfe hinweg planen, muss sich die Musiktherapie im Vorfeld überlegen, ob und wie sie damit umgehen kann.

Die Finanzierung einer Tagesgruppe wird über so genannte Tagessätze sichergestellt. Das Jugendamt zahlt also vom Zeitpunkt der Belegung eines Platzes fünf Tage pro Woche den entsprechenden Tagessatz an die Einrichtung, für gewöhnlich auch während der Ferien. Da die Einrichtungen untereinander in Konkurrenz stehen, sind die Tagessätze entsprechend kalkuliert. Wenn eine Tagesgruppe ein zusätzliches Angebot, das von Mitarbeitern außerhalb der Tagesgruppe durchgeführt werden soll – wie z. B. Gruppenmusiktherapie – langfristig anbieten möchte, ist die Finanzierung zu klären. Es wäre zu prüfen, ob die Jugendämter bereit wären einen geringfügig höheren Tagessatz in Verbindung mit einem musiktherapeutischen Angebot in Kauf zu nehmen. Dann könnte das Angebot der Musiktherapie innerhalb der Tagesgruppe in die Leistungsvereinbarung mit dem zuständigen Jugendamt aufgenommen werden. Dadurch wäre eine hohe Verlässlichkeit und Kontinuität des Angebots sichergestellt, da die in der Leistungsvereinbarung festgeschriebenen Leistungen für die Einrichtungen bindend sind.

Ebenso ist die Möglichkeit zu bedenken, Einzelmusiktherapie parallel zum Gruppenbetrieb innerhalb der Räumlichkeiten einer Tagesgruppe anzubieten. Die Musiktherapie könnte dann – ähnlich wie eine Integrationshilfe – in besonderen Fällen als zusätzliche Maßnahme installiert werden. In diesem Fall wäre als Kostenträger wieder das Jugendamt zuständig.

7.5 Musiktherapie in der Heimerziehung

Zu diesem Thema sind bereits einige Veröffentlichungen erschienen. MAGDALENE SCHÄFER beschreibt in ihrem Buch „Musiktherapie als Heilpädagogik bei verhaltensauffälligen Kindern“ die Durchführung von Musikgruppen in einer Notunterkunft. WILHELM GÜNTHER stellt in seinem Buch die „Pädagogische Musiktherapie mit Kindern in Heimeinrichtungen“ ausführlich dar. In dem Sammelband „Musiktherapie in der Heimerziehung", herausgegeben von GERHARD LIEBETRAU, ULRICH HÄHNER und HANS-HELMUT DECKER-VOIGT (1977), sind verschiedene Grundlagen und Anregungen für die musiktherapeutische Arbeit in diesem Bereich zusammengestellt.

Im Bereich der Heimerziehung muss sich Musiktherapie deutlich von dem Bereich der Freizeitpädagogischen Angebote abgrenzen. ECKHARD KNAB stellt in seinem Artikel „Musik in der Heimerziehung" ausschließlich pädagogische Angebote, die das Erlernen eines Instruments und das Initiieren eines Bandprojekts zum Ziel haben, dar. Die Möglichkeiten der Musiktherapie im Bereich der Heimerziehung finden bei ihm keine Erwähnung.

In der Formulierung des Ziels „Förderung der Entwicklung durch pädagogische und therapeutische Angebote" in §34 SGBVIII, wird der Einsatz (psycho-) therapeutischer Verfahren im Rahmen der Heimerziehung gefordert.

In den Publikationen, die sich mit diesem Gebiet befassen, wird weitestgehend die Methode der Gruppenmusiktherapie favorisiert. Für ihre These, dass die Gruppe am besten für das Ziel der Entwicklungsförderung und das Entfalten sozialer Kompetenz geeignet sei, liefern sie aber keine überzeugenden Belege. Ebenso könnten Gründe für den Vorzug des Einzelsettings zur Argumentation herangezogen werden. Aus §34 lässt sich eine solche Bevorzugung von gruppentherapeutischen Verfahren ebenfalls nicht ableiten.

Für die Konzeption der Musiktherapie in der Heimerziehung gelten die gleichen kritischen Fragen und Anmerkungen, wie für den Bereich Musiktherapie in einer Tagesgruppe.

Bei der Erstellung eines Konzepts kann in diesem Feld auf die vorhandene Literatur zurückgegriffen werden.

Eine Bevorzugung der Gruppentherapie könnte sich auch aus der Frage der Finanzierung der Musiktherapie ergeben. Dies ist vor dem Hintergrund zu sehen, dass es sich mittlerweile eingebürgert hat, dass Kinder und Jugendliche als Heimbewohner individualtherapeutische Angebote bei ortsansässigen, kassenzugelassenen Psychotherapeuten wahrnehmen. Hier besteht aus Sicht der Jugendämter der Vorzug, dass die Krankenkassen zur Finanzierung herangezogen werden können. Wenn den Jugendämtern eine Einzelmusiktherapie als ergänzende Leistung, zusätzlich zu den hohen Tagessätzen der Heimerziehung, in Form weiterer zu bezahlender Fachleistungsstunden abverlangt werden soll, muss eine entsprechende Indikation vorliegen, die den Vorzug der Musiktherapie vor anderen psychotherapeutischen Behandlungsansätzen (die das Jugendamt nichts kosten), plausibel begründet. Derartige Indikationen finden sich u. a. im Bereich der „Eingliederungshilfe für seelisch behinderte Kinder und Jugendliche“ nach §35a SGB VIII. Da sie aber nicht in den Bereich der HzE gehören, wird hier nicht weiter darauf eingegangen.

Da die Gewährung von Jugendhilfeleistungen zunächst dem zuständigen Amtsmitarbeiter und dessen Fachteam und Leitung obliegt, kann es von Jugendamt zu Jugendamt zu unterschiedlichen Haltungen in der Frage der Gewährung zusätzlicher Fachleistungsstunden kommen. Prinzipiell ist es ihnen aber nicht untersagt.

Ebenso kann versucht werden, die Heimleitung von dem Angebot der Einzelmusiktherapie zu überzeugen. Sie hätte die Möglichkeiten, die anfallenden Kosten für eine bestimmte Zahl an Therapiestunden auf die gesamten Betreuungsplätze umzulegen – also über den Tagessatz abzurechnen – und das Angebot als Kann-Leistung in die Leistungsvereinbarung mit dem Kreis-Jugendamt aufzunehmen.

7.6 Musiktherapie und intensive sozialpädagogische Einzelbetreuung

Musiktherapie als „Intensive sozialpädagogische Einzelbetreuung“ würde sich nach dem Wortlaut des §35 als „intensive Unterstützung“ mit den Zielen der „sozialen Integration“ und der „eigenverantwortlichen Lebensführung“ verstehen. Da der Umfang dieser Hilfe über ein auf wenige Stunden pro Woche begrenztes therapeutisches Angebot weit hinausgeht, kann Musiktherapie allenfalls als ergänzende Leistung im Sinne des §35 in Betracht kommen.

> „Die Hilfe ist insbesondere geeignet für Jugendliche, die in ihrer bisherigen Entwicklung vielfältige und/oder massive Beziehungsabbrüche und Beziehungstraumata (z. B. Gewalt, sexueller Missbrauch) erlebt haben und mit den „konventionellen“ Angeboten der Jugendhilfe nicht mehr angesprochen (erreicht) werden konnten, d. h. vor der Hilfe zumeist ohne feste Unterkunft (Obdachlosigkeit) und Arbeit in subkulturellen Milieus (Drogen, Kriminalität, Prostitution) gelebt haben.“[169]

Derart schwerwiegende Probleme dürfte Sozialarbeiter und Sozialpädagogen regelmäßig an ihre Grenzen bringen. „Intensive sozialpädagogische Einzelbetreuung erfordert in aller Regel besondere Motivationen und Belastbarkeiten der sozialpädagogischen Fachkräfte; [...].“[170]

Angesichts der schwierigen Lage, in der sich die hier angesprochenen Jugendlichen befinden und der genannten Belastungsfaktoren, scheint psychotherapeutisches Handeln indiziert. Gerade wenn die Beziehungsfähigkeit der Jugendlichen gefördert oder hergestellt werden soll, bietet das musikthera-

---

169 Münder (2003), 327 / §35 Rz. 11
170 Münder (2003), 326/ §35 Rz. 5

peutische Einzelsetting eine Alternative zu den konventionellen Angeboten der Jugendhilfe. Die therapeutische Beziehung stellt hier besondere Möglichkeiten bereit.

Ein Problem stellt die Erreichbarkeit der Jugendlichen dar, weil sie sich den ambulanten Angeboten für gewöhnlich entziehen. Deshalb findet die Umsetzung dieser Hilfe in der Praxis oft in erlebnispädagogisch orientierten Projekten im Ausland statt, denen sich die Jugendlichen nicht so einfach entziehen können. Prinzipiell handelt es sich bei dieser Hilfe aber um ein Angebot großer Formenvielfalt und großer inhaltlicher Offenheit; es beinhaltet grundsätzlich auch ambulante Hilfen.[171]

Wo die Schwierigkeiten und Auffälligkeiten der Jugendlichen über die Indikation des Erziehungsbeistands nach §30 hinausgehen, sie aber noch (oder wieder) durch ambulante Hilfen erreicht werden können, kann die Gewährung eines musiktherapeutischen Angebots nach §35 angestrebt werden. Hierzu bietet es sich an, bei einem Verein vorstellig zu werden, der bereits „intensive sozialpädagogische Einzelfallhilfe" anbietet. Dieser könnte ggf. Musiktherapie in sein Konzept integrieren.

7.7 Zusammenfassung und Ausblick

Die hier diskutierten Bereiche der klassischen Erziehungshilfe stellen ein potenzielles Arbeitsfeld für Musiktherapeuten dar. In Kapitel 9.2 werden diese Bereiche noch einmal unter dem Gesichtspunkt der Konzepterstellung aufgegriffen.

Besonders plausibel ist der Gedanke, ein musiktherapeutisches Angebot als „Soziale Gruppenarbeit" nach §29 SGBVIII bereitzustellen. Bisher sind mir allerdings keine Musiktherapiekonzepte bekannt, die in direktem Bezug zur „Sozialen Gruppenarbeit" als HzE stehen. In Anlehnung an die jeweilige Zielgruppe gilt es, die Entwicklung entsprechender Konzepte voranzutreiben. Dabei wäre zu prüfen, inwieweit bestehende Projektkonzepte zur Anwendung kommen können bzw. für die Anwendung nach §29 SGBVIII modifiziert werden können.

Innerhalb des stationären und teilstationären Bereichs (§§32 und 34 SGB-VIII) der HzE scheint – in Anbetracht der Kosten – ein musiktherapeutisches Gruppenangebot realistischer als die Durchführung von Einzelmusiktherapie. Die Arbeit wird in der Praxis häufig Projektcharakter haben. Eine Festanstellung als „reiner" Musiktherapeut in einer Tagesgruppe oder einem Kinder- und Jugendheim ist allerdings nicht zu erwarten. Hier wird es sich überwiegend um ein stundenweises Engagement, meist auf Honorarbasis, han-

171 Münder (2003), 326 / §35 Rz. 3

deln. Da die Bestrebungen, Musiktherapie in den Heimalltag zu integrieren, nunmehr seit dreißig Jahren bestehen, kann auf entsprechende Literatur zurückgegriffen werden.

Auch Erziehungsberatungsstellen können zur Wirkungsstätte von Musiktherapeuten werden. Wie in Kapitel 7.1 dargestellt, kann Musiktherapie hier in Form von Projektarbeit angeboten werden. Zu Musiktherapeuten weitergebildete Sozialarbeiter, Pädagogen, Psychologen usw., die als „Berater" in einer Erziehungsberatungsstelle tätig sind, können ihre musiktherapeutische Qualifikation hier im Beratungsalltag anwenden.

Musiktherapie im Einzelsetting kann innerhalb der klassischen Erziehungshilfen möglicherweise in der Form des „Erziehungsbeistands" oder der „intensiven sozialpädagogischer Einzelbetreuung" geleistet werden.

In Kapitel 9.2.4 wird die Möglichkeit der Konzeptualisierung der Musiktherapie als „Erziehungsbeistand" gemäß §30 noch einmal aufgegriffen. Gründe für bzw. wider eine Konzeptualisierung von Musiktherapie als „Erziehungsbeistand" werden in Kapitel 9.3 genannt.

Die Möglichkeit, Musiktherapie in die Konzepte der „intensiven sozialpädagogischen Einzelbetreuung" zu integrieren, bedarf einer weiteren Prüfung. Hierzu sollte Kontakt zu Vereinen, die als renommierte Leistungserbringer in diesem Sektor bekannt sind, aufgenommen werden.

Wer versuchen möchte, Musiktherapie als „intensive sozialpädagogische Einzelbereuung" einem Jugendamt direkt anzubieten, muss jedoch mit besonderen rechtlichen Hürden rechnen (→ Kap. 8.2.1; Kap. 9.2.3).

Der hier beschriebene potentielle Raum, den die klassischen Erziehungshilfen für die Musiktherapie eröffnen wirft viele neue Fragen auf. Einige Bereiche stellen für die musiktherapeutische Tätigkeit Neuland dar. Dementsprechend müssten weitere Forschungsprojekte die Umsetzbarkeit der hier entwickelten Ideen in der Praxis erkunden.

Neben der hier diskutierten Möglichkeit der Implementierung von Musiktherapie in die tradierten Hilfen zur Erziehung (§§28-35 SGBVIII) kann Musiktherapie aber auch als ambulante HzE jenseits dieses Methodenkanons konzeptualisiert werden. Bevor diese Möglichkeit in Kapitel 9 behandelt wird, soll im folgenden Kapitel der sozialrechtliche Hintergrund der Leistungserbringung dargestellt werden.

8 Sozialrechtlicher Hintergrund der Leistungserbringung

Dieses Kapitel beschäftigt sich schwerpunktmäßig mit der Frage, ob und wie freiberufliche Musiktherapeuten ihre Kosten bei einem Jugendamt in Rechnung stellen können.

Dieser Schwerpunkt ergibt sich daraus, dass ich in Kapitel 9 für die Konzeptualisierung der „Musiktherapie als ambulante HzE" jenseits des Methodenkanons der §§28-35 SGBVIII argumentiere, und dieser Ansatz für eine freiberufliche Tätigkeit von besonderem Interesse ist.

Die alternative Möglichkeit, sich einem Verein anzuschließen oder – mit Gleichgesinnten – selbst einen Verein zu gründen, findet hier nur am Rande Beachtung. Zur Frage der Vereinsgründung im Bereich der Kinder- und Jugendhilfe empfehle ich LÜTJEN (1997).

8.1 Träger der Jugendhilfe

8.1.1 Öffentliche und freie Träger

Im KJHG wird zwischen „freien" und „öffentlichen" Trägern der Jugendhilfe unterschieden. Öffentliche Träger der Jugendhilfe sind insbesondere die Jugendämter und Landesjugendämter.[172]

Im Gegensatz zu den freien Trägern sind die öffentlichen Träger gemäß §3 Abs. 2 SGB VIII zur Erbringung von gewissen Leistungen und Aufgaben verpflichtet (z. B.: HzE). Rechtsansprüche auf die Gewährung einer Leistung nach dem SGB VIII bestehen also zunächst nur gegenüber dem öffentlichen Träger. Dieser muss dann die Leistung entweder selbst erbringen oder sie durch einen freien Träger erbringen lassen.

Zu den bekannten großen freien Trägern gehören: Deutscher Caritas Verband, Arbeiterwohlfahrt, Deutsches Roter Kreuz, Paritätischer Wohlfahrtsverband und andere.

8.1.1.1 Tätigkeit als freier Träger

Die Frage, wer freier Träger der Jugendhilfe werden kann, wird verschieden interpretiert. Bei einigen Autoren wird die Meinung vertreten, dass nur „juristische" Personen (Vereine und Körperschaften) Träger der Jugendhilfe sein können. LÜTJEN diskutiert die verschiedenen Standpunkte zu der Frage, ob privatgewerbliche (Einzel-)Personen Träger der Jugendhilfe sein können und kommt zu dem unbefriedigenden Ergebnis, dass diese Frage nicht eindeutig geklärt werden kann. Er schließt mit seinem persönlichen Rechtsverständnis, wonach jeder, der Aufgaben der Jugendhilfe wahrnimmt auch freier Träger

---

172 vgl. hierzu §69 SGB VIII

ist; erst Träger, die anerkannt oder gefördert werden wollen müssten weitere Kriterien erfüllen.[173]

GERNERT und OEHLMANN-AUSTERMANN behaupten:

> „Als freier Träger der Jugendhilfe gilt heute, wer sich in diesem Arbeitsfeld nicht nur gelegentlich, sondern auf Dauer gesehen betätigt, zu keiner Behörde zählt und auch keinen gewerblichen, das heißt auf Gewinnerzielung gerichteten Zweck anstrebt."[174]

Leider liefern sie für diese Behauptung keinerlei Argumente und geben auch keine Quelle an. Tatsächlich kann diese Definition nicht aus dem SGB VIII abgeleitet werden, da dort auf eine Definition der Träger der freien Jugendhilfe verzichtet wird.

Offenbar begehen einige Autoren den Fehler, die Voraussetzungen für die „Förderung" und „Anerkennung" der freien Träger (→ Kap. 8.1.1.2) mit Voraussetzungen für die freie Trägerschaft an sich gleichzusetzen. Ein freier Träger benötigt aber für seine Tätigkeit nicht das Privileg als freier Träger „anerkannt" zu sein oder „gefördert" zu werden. Die Voraussetzungen für die „Anerkennung als freier Träger" sind in §75 SGB VIII genannt. Hier findet sich auch das Gebot der Gemeinnützigkeit.

Verwunderlich ist, dass dieser Fehler auch in dem obigen Zitat von GERNERT und OEHLMANN-AUSTERMANN enthalten ist, da diese Autoren in ihren weiteren Ausführungen zwischen frei-gewerblichen und frei-gemeinnützigen Trägern differenzieren. Diese Differenzierung wäre aber überhaupt nicht möglich, wenn sie sich an ihre Definition hielten, wonach es keine gewerblichen Träger geben kann.[175]

JUNG folgert aus den Förderungsvoraussetzungen nach §74 SGB VIII, dass privat-gewerbliche Träger nicht zu den freien Trägern zählen.[176] Im Gegensatz zu GERNERT und OEHLMANN-AUSTERMANN unterscheidet er aber nicht zwischen frei-gewerblichen und frei-gemeinnützigen Trägern, sondern zwischen freien und privat-gewerblichen Trägern.

Der Ausdruck „privat-gewerblich" kommt aber im SGB VIII nicht vor, stattdessen ist im Gesetzestext immer von den „freien Trägern" die Rede.

Nach der Rechtsauffassung von MÜNDER ist es auch Einzelpersonen und privatgewerblich Handelnden jedweder Rechtsform eindeutig erlaubt, Leistungen des SGB VIII zu erbringen.[177] Das SGB VIII bindet die Trägereigen-

---

173 Lütjen (1997), 22f

174 Gernert / Oelmann-Austermann (2004), 9

175 vgl. hierzu ebd.,9f

176 Jung (2006), 30 / §3 Rz. 5

177 Münder (2003), 102 / §3 Rz. 5

schaft nicht an die Rechtsform einer juristischen Person.[178] Auch Einzelpersonen können demnach Träger der freien Jugendhilfe sein. Da sie direkte Anbieter zu Gunsten junger Menschen und ihrer Familien sind, werden sie auch als unmittelbare Träger bezeichnet.[179] Diese Auffassung folgt einer sich verfestigenden Tendenz in der deutschen Sozialgesetzgebung, privat-gemeinnützige und privat-gewerbliche Träger grundsätzlich gleich zu behandeln; und außerdem stoße die Bevorzugung von privat-gemeinnützigen Trägern gegenüber privat-gewerblichen Trägern vor dem Hintergrund des europäischen Wettbewerbsrechts zunehmend auf Bedenken.[180]

Ungeachtet der Uneinigkeit der Juristen, hat die Praxis das Problem schon seit langem gelöst. Eine Untersuchung zur „Neugründung von Trägern der Erziehungshilfe am Beispiel Niedersachsens" aus dem Jahr 1997 stellt fest, dass die häufigste Gesellschaftsform (46%) der neuen Träger die der „natürlichen" Person ist.[181]

Innerhalb der freien Träger lässt sich nach GERNERT und OEHLMANN-AUSTERMANN also zwischen freigemeinnützigen Trägern, freigewerblichen Trägern sowie anerkannten und nicht anerkannten Trägern unterscheiden.[182] Freigewerbliche Träger sind auf jeden Fall von einer Anerkennung nach §75 SGB VIII ausgeschlossen.[183] Die „Annerkennung als freier Träger" nach §75 SGB VIII ist aber keine Voraussetzung um mit einem Jugendamt Leistungsvereinbarungen nach §77 SGB VIII zu schließen.[184] Gemäß §76 SGB VIII ist die Anerkennung als freier Träger nur für die Durchführung von Aufgaben nach den §§42, 43, 50 bis 52a und 53 Abs. 2 bis 4 Voraussetzung. Die „Anerkennung als freier Träger der Jugendhilfe" ist zur Durchführung ambulanter Erziehungshilfen folglich nicht nötig.

Mit dem Inkrafttreten der §§78a-g SGBVIII wurde der Begriff „sonstige Leistungserbringer" eingeführt. Wenn der privatgewerbliche Träger nun also kein „freier Träger" wäre, müsste es sich bei ihm folglich um einen „sonstigen Leistungserbringer" handeln. Die Folge könnte aber sein, dass der privatgewerbliche Träger überall dort, wo im Gesetzestext vom „freien Träger" die Rede ist, nicht (mehr) gemeint ist; Stattdessen würden für ihn nur noch die Regelungen gelten, in denen die „sonstigen Leistungserbringer" namentlich

178 Münder (2003), 594 / Vor§69 Rz. 9
179 ebd., 595 / Rz. 11
180 Münder (2003), 102 / §3 Rz. 5f
181 Weigel / Seckinger / van Santen / Markert [Hrsg.] (1999), 152
182 Gernert / Oelmann-Austermann (2004), 9
183 Gernert / Oelmann-Austermann (2004), 10
184 Gernert / Oelmann-Austermann (2004), 28

erwähnt sind.[185] Diese Rechtsauffassung scheint aus meiner Sicht jedoch wenig plausibel (→ Kap. 8.2.1).

Zusammenfassend kann festgestellt werden:

Wer freigewerblich Leistungen der Jugendhilfe in Kooperation mit dem öffentlichen Träger erbringt, ist „Träger der Jugendhilfe", ob er sich aber auch als „freier Träger der Jugendhilfe" bezeichnen darf – genau genommen als „nicht anerkannter freier Träger der Jugendhilfe" – ist nicht klar. Letztlich wird der freigewerblich tätige Musiktherapeut, wenn er HzE im Auftrag eines Jugendamts leistet zum „Leistungserbringer".

Insgesamt ist der Rechtsauffassung von MÜNDER beizupflichten, der unter dem Begriff „privat-gewerbliche Träger" auch Einzelpersonen subsumiert und darüber hinaus den Standpunkt vertritt, dass „privat-gewerbliche Träger" den „freien Trägern" gleichgestellt sind.[186]

8.1.1.2 *Anerkennung als freier Träger*

Eine „Anerkennung als freier Träger" ist nur für Vereine (§§21ff BGB; §55ff BGB), Gesellschaften bürgerlichen Rechts (§705ff BGB) und Stiftungen bürgerlichen Rechts (§80 BGB) vorgesehen, sofern sie die entsprechenden Voraussetzungen erfüllen.[187] Die Vorteile, die sich aus einer „Anerkennung" ergeben, werden verschieden eingeschätzt. Hier geht es vor allem darum, in den Genuss von finanzieller Förderung durch Zuschüsse zu gelangen, ein Spendensiegel zu erhalten oder einen Wettbewerbsvorteil zu erlangen.[188]

8.2 Kostenübernahme und Abrechnung mit dem Jugendamt

Im Fall der HzE ist der Personensorgeberechtigte der Leistungsberechtigte. Er hat einen Rechtsanspruch auf die Leistung gegenüber dem öffentlichen Träger der Jugendhilfe. Wählt der Leistungsberechtigte nun einen freien Träger zur Erbringung der Leistung, schließt er mit diesem eine privatrechtliche Vereinbarung über Art, Umfang und Kosten der Leistung.[189]

Sofern der freie Träger keine „Vereinbarung über die Höhe der Kosten" mit dem öffentlichen Träger getroffen hat, besteht zwischen ihm und dem öffentlichen Träger auch keine Rechtsbeziehung.[190] Der Rechtsanspruch auf

185 frei nach JUNG in Anlehnung an REICHERT und MÜNDER. Vgl. hierzu Jung (2006), 30 / §3 Rz. 7; Reichert (2006), 540 / §74 Rz. 23; ebd., 572 / §77 Rz. 12; Münder (2003), 647 / §77 Rz. 4

186 vgl. hierzu Münder (2003), 594 / Vor§69 Rz. 5-10

187 ebd., 9

188 ebd., 7

189 Lütjen (1997), 123

190 ebd.

Kostenerstattung gegenüber dem Jugendamt würde dann lediglich dem Leistungsempfänger zustehen.[191]

In der Praxis müsste der freie Träger seine Leistung direkt mit dem Leistungsempfänger abrechnen, der dann wiederum mit der ausgestellten Rechnung die Übernahme der Kosten beim öffentlichen Träger beantragt. Dann würde der öffentliche Träger wiederum prüfen, ob die Leistung des freien Trägers den gesetzlichen Anforderungen entspricht und ob die eingeforderten Kosten verhältnismäßig sind.[192]

Der öffentliche Träger kann die Kostenübernahme theoretisch nicht ablehnen, wenn es sich um eine qualifizierte, dem Gesetz entsprechende Leistung handelt, die keine unvertretbaren Mehrkosten enthält.[193] Da Musiktherapie aber keine im Gesetz festgeschriebene Maßnahme der HzE oder eine namentlich genannte Leistung der Kinder- und Jugendhilfe ist und die Mitarbeiter der Wirtschaftlichen Jugendhilfe wahrscheinlich noch nie Musiktherapie abgerechnet haben, dürfte es schwierig sein, auf diesem Weg eine Kostenübernahme zu erreichen.

Dieser Weg der Kostenerstattung ist – wenn auch untypisch – im Einzelfall prinzipiell möglich. Bedingung wäre jedoch, dass die Musiktherapie als HzE zuvor in der Hilfeplanung des Einzelfalls gemäß §36 SGB VIII festgeschrieben wurde (→ Kap. 3.2.1 und Kap. 3.3.1).

8.2.1 Vereinbarung über die Höhe der Kosten

Anders sieht es hingegen aus, wenn es Musiktherapeuten gelingt, eine Vereinbarung bezüglich ihrer Leistung nach §77 SGB VIII mit dem zuständigen Jugendamt abzuschließen. In diesem Fall müsste nicht der Leistungsempfänger die Kosten mit dem öffentlichen Träger abrechnen; stattdessen würde der freie Träger (z. B. der freigewerbliche Musiktherapeut) seine Kosten direkt dem Jugendamt in Rechnung stellen.

In der Praxis ist diese Form der finanziellen Abwicklung durch unmittelbare Zahlung der Leitungsträger (öffentlicher Träger) an den Leistungserbringer (freier Träger) zur Regel geworden.[194]

Ursprünglich war §77 die alleinige Rechtsgrundlage für Vereinbarungen zwischen dem Leistungserbringer und dem Jugendamt im SGB VIII.

Am 1.1.1999 traten die §§78a bis 78g in Kraft. Seit dem ist für die in §78a genannten Leistungen das Abschließen einer speziellen Vereinbarung zwischen freiem und öffentlichem Träger zwingend vorgeschrieben. Mit dem

191 Lütjen (1997), 124
192 ebd.
193 Lütjen (1997), 123
194 Münder (2003), 591 / VorKap 5 Rz. 111

Einführen der §§78a bis 78g wollte der Gesetzgeber die Kostenentwicklung in der Kinder- und Jugendhilfe dämpfen, stärkere Transparenz von Kosten und Leistungen erreichen und die Effizienz der eingesetzten Mittel verbessern.[195]

In einer „Leistungsvereinbarung" werden nach §78b Umfang, Inhalt und Qualität des Leistungsangebots mit dem öffentlichen Jugendamt vereinbart.[196] Zusätzlich hat der freie Träger mit dem öffentlichen Träger eine „Entgeltvereinbarung" und eine „Qualitätsentwicklungsvereinbarung" abzuschließen.[197]

Bezogen auf den Bereich der HzE sind Vereinbarungen nach §78b für ambulante Angebote „normalerweise" nicht notwendig, das jeweilige Landesrecht kann hier allerdings abweichende Regelungen vorsehen (→ Kap. 8.2.1.2). Nur bei Leistungen der Hilfe zur Erziehung in einer Tagesgruppe (§32), in einem Heim oder einer sonstigen betreuten Wohnform (§34), sowie intensiver sozialpädagogischer Einzelbetreuung (§35) müssen Vereinbarungen nach §78b SGB VIII zwischen freiem und öffentlichem Träger getroffen werden.[198]

Wer auf Honorarbasis z. B. in einer Tagesgruppe oder der Heimerziehung musiktherapeutisch arbeitet, braucht natürlich keine Leistungsvereinbarung mit dem Jugendamt zu treffen, da er schließlich nicht der Träger der Jugendhilfemaßnahme ist. Diesbezüglich stellt eine Arbeit auf Honorarbasis, die Festanstellung in einer Institution oder bei einem Verein, eine wesentliche Vereinfachung der Rechtslage dar.

Vom Bundesrechtlichen Standpunkt aus besteht der Zwang zum Abschluss von Leistungs-, Entgelt- und Qualitätsentwicklungsvereinbarungen nach §78b SGB VIII im Bereich HzE für ambulant tätige Musiktherapeuten ausschließlich dann, wenn sie Leistungen der „intensiven sozialpädagogischen Einzelbetreuung" erbringen wollen (→ Kap. 9.1.3).

Für alle anderen ambulanten Formen der Hilfe zur Erziehung ist es wahrscheinlich ausreichend, eine Vereinbarung über die Höhe der Kosten gemäß §77 SGB VIII mit dem zuständigen örtlichen Jugendamt zu treffen.

Da Vereinbarungen nach §77 SGB VIII nicht an die Vorgaben der §§78a ff gebunden sind, können sie inhaltlich freier formuliert werden. Der Gesetzgeber hat in §77 SGBVIII bestimmt, dass „[…] Vereinbarungen über die Höhe der Kosten der Inanspruchnahme zwischen öffentlichen und freien Trägern der Jugendhilfe anzustreben [sind]." Wie diese Vereinbarungen inhaltlich ausgestaltet werden sollen, wurde dabei offen gelassen. „Erforderlich ist nur ein irgendwie gearteter Bezug zu der Höhe der Kosten."[199] Daneben ist eine

195 Münder (2003), 653 / Vor§78a Rz. 4
196 §78b SGB VIII
197 ebd.
198 §78a SGB VIII
199 Münder (2003), 647 / §77 Rz. 5

Beschreibung der Leistung nach Art, Inhalt, Umfang und Qualität zu empfehlen.[200]

Vereinbarungen nach §77 sind öffentlich-rechtliche Verträge, deren Gestaltung den Vertragsparteien grundsätzlich offen steht.[201]

Auch wenn für eine ambulante HzE nach §27 SGB VIII eine Leistungsvereinbarung gemäß §§78a ff SGB VIII nicht zwingend notwendig ist, sollten sich Musiktherapeuten, die als Träger der Jugendhilfe in Erscheinung treten wollen, mit dem Inhalt derartiger Vereinbarungen auseinandersetzen. Wer sein Konzept einem öffentlichen Träger vorstellt, hat womöglich bessere Chancen, wenn er von vornherein die Standards der Behörde und der (großen) anerkannten Träger kennt und berücksichtigt.

Freiberufliche Musiktherapeuten, die sich auf dem Gebiet der HzE betätigen, sollten eine Vereinbarung über die Höhe der Kosten mit dem öffentlichen Träger nach §77 SGB VIII anstreben.

8.2.1.1 Privatgewerbliche Träger und §§77 SGBVIII

Es bestehen differierende Auffassungen darüber, ob privatgewerbliche Träger Vereinbarungen nach §77 SGB VIII abschließen können.

JUNG behauptet, dass die Rechtsbeziehungen der privatgewerblichen Träger zur öffentlichen Jugendhilfe in §§78a-g SGB VIII normiert seien.[202] Die Regelungen der §§74-77 SGB VIII bezögen sich auf die Rechtsbeziehungen der öffentlichen zu den „freien" und „Gemeinnützigen Trägern".[203] (Nach JUNG werden privatgewerbliche Träger nicht zu den „freien" Trägern der Jugendhilfe gezählt, sondern kommen allenfalls als „sonstige Leistungserbringer" in Betracht.)[204] Demnach wären gewerblich tätige Musiktherapeuten, wenn sie Vereinbarungen über die Kostenerstattung mit einem Jugendamt abschließen wollten, von vornherein zum Abschluss von Leistungs-, Entgelt- und Qualitätsentwicklungsvereinbarungen (nach Maßgabe der §§78a ff) gezwungen.

REICHERT stellt hingegen (im gleichen Buch) fest: „Auf Gewinnerzielung ausgerichtete Träger und Einrichtungen können indessen gleichwohl Kostenvereinbarungen nach §77 sowie Leitungs- und Entgeltvereinbarungen nach §§78a ff abschließen."[205] In Bezug auf §77 SGB VIII führt er aus: „Da §77 nicht von anerkannten Trägern der Jugendhilfe spricht, sind angesichts des

200 Reichert (2006), 573 / §77 Rz. 14
201 Lütjen (1997), 136
202 Jung (2006), 30 / §3 Rz. 7
203 ebd.
204 vgl. hierzu ebd., 30f / §3 Rz. 5ff
205 Reichert (2006), 540 / §74 Rz. 23

weiten Begriffs der Träger der freien Jugendhilfe in §3 hierunter alle privaten Träger zu verstehen."[206]

MÜNDER stützt diese Auffassung und weist darauf hin, dass §77 noch die ältere Formulierung „Träger der freien Jugendhilfe" verwendet, während bei der Formulierung des §78b („sonstiger Leistungserbringer") klar ist, dass Vereinbarungen mit allen Leistungserbringern abzuschließen sind.[207] Er ist aber ebenso wie REICHERT der Auffassung, dass unter dem Begriff „Träger der freien Jugendhilfe" an dieser Stelle alle privaten Träger – also auch privatgemeinnützige und privat-gewerbliche Träger – zu verstehen sind.[208]

8.2.1.2 *Geltungsbereich der §§78a-g*

Nach §78a SBG VIII fallen Angebote der ambulanten HzE nicht unter die Bestimmungen des §78b. Allerdings bleibt es den Bundesländern vorbehalten weitere Leistungen – zum Beispiel ambulante Dienstleistungen – in den Anwendungsbereich der §§78b ff SGB VIII einzubeziehen.[209] Die Rechtsgrundlage hierzu liefert §78a Abs. 2 SGB VIII. „Bisher hat kein Bundesland hiervon Gebrauch gemacht."[210]

8.2.2 Bestimmungen für Hessen

Obwohl der Anwendungsbereich der §§78b ff SGB VIII noch nicht per Landesrecht ausgedehnt wurde, ist in der „Hessische[n] Rahmenvereinbarung für die Gestaltung der Einzelvereinbarungen über Leistungsangebote, Qualitätsentwicklung und Entgelte nach §§78a ff SBG VIII" zwischen dem „Hessischen Städtetag und Landkreistag und den in einer Liga der freien Wohlfahrtspflege zusammengeschlossenen Spitzenverbänden der Freien Träger und sonstiger Leistungserbringer auf Landesebene" der Geltungsbereich des Vertrags für den gesamten Anwendungsbereich des §78a, als auch für alle ambulanten und sonstigen Hilfen nach §27 SGB VIII bestimmt worden.[211]

Eine schriftliche Anfrage beim Landesjugendamt in Wiesbaden sollte darüber aufklären, auf welcher Rechtsgrundlage (§77 oder §78a ff SGB VIII) eine auf dem Gebiet der ambulanten HzE tätige, privatgewerbliche Einzelperson, als Träger der (freien) Jugendhilfe, Vereinbarungen mit dem örtlichen Jugendamt treffen kann und welche Konsequenzen sich aus der Hessischen Rahmenvereinbarung ergeben.

206 Reichert (2006), 572 / §77 Rz. 12
207 Münder (2003), 647 / §77 Rz. 4
208 ebd.
209 Wissmann (2005), 17
210 Renesse (2006), 583 / §78a Rz 9
211 Wissmann (2005), 31

Nach telefonischer Rücksprache war man beim Landesjugendamt bereit, mir eine schriftliche Stellungnahme zu übermitteln.

Aus der Sicht des zuständigen Mitarbeiters ist für die Bereitstellung musiktherapeutischer Leistungen im Einzelfall weder eine Vereinbarung nach §77, noch eine nach 78a ff SGBVIII von Nöten. Die musiktherapeutische Leistung könne über einen „vereinbarten festen Stundensatz" erfolgen.

Nach meiner Rechtsauffassung stellt aber die „Vereinbarung eines festen Stundensatzes" nichts anderes als eine „Vereinbarung über die Höhe der Kosten", wie sie in §77 SGB VIII gemeint ist, (→ Kap. 8.2.1) dar.

Für die oben genannte Rahmenvereinbarung bleibt festzuhalten, dass sie nur die abschlussbeteiligten Institutionen und Träger bindet. Solange man als Träger der Jugendhilfe dieser Vereinbarung nicht durch schriftliche Erklärung beitritt, bleibt sie für einen ohne Bedeutung.

Dass das Hessische Kinder- und Jugendhilfegesetz (HKJHG) in §17 Abs. 2 den Abschluss von Vereinbarungen nach §77 KJHG konkretisiert und auf die sog. Hessische Rahmenvereinbarung verweist, spielt für den Bereich der ambulanten HzE aus meiner Sicht ebenfalls keine Rolle. In §17 HKJHG heißt es:

> (1) Zuständig für den Abschluss von Vereinbarungen nach §77 des Achten Buches Sozialgesetzbuch mit dem Träger einer Einrichtung oder sonstigen betreuten Wohnform nach §34 des Achten Buches Sozialgesetzbuch ist das Jugendamt, in dessen Bezirk die Einrichtung oder die sonstige betreute Wohnform gelegen ist. Der Träger hat dem Jugendamt die zur Prüfung der Höhe der Kosten erforderlichen Unterlagen vorzulegen.
> (2) Die Kommunalen Spitzenverbände, die Liga der Freien Wohlfahrtspflege in Hessen und die sonstigen Zusammenschlüsse der Träger der freien Jugendhilfe treffen Rahmenvereinbarungen über die Gestaltung der Vereinbarungen nach Abs. 1, das Verfahren und die Errichtung einer Schiedsstelle.

Die genauen Modalitäten einer Vereinbarung zwischen Leistungserbringer und öffentlichem Träger der Kinder- und Jugendhilfe müssen mit dem örtlich zuständigen Jugendamt verhandelt werden. Insgesamt bestehen aber keine Vorbehalte des Landesjugendamtes Hessen.

8.3 Inhalt einer Leistungsvereinbarung

Eine Leistungsvereinbarung die sich an den Vorgaben der §§78a ff SGB VIII orientiert, sollte wenigstens folgende Punkte näher darstellen:

- die Art des Angebotes,
- das Ziel des Leistungsangebotes,
- den zu betreuende Personenkreis bzw. die Zielgruppen,

- die Qualität des Leistungsangebotes,
- die erforderliche sächliche und personelle Ausstattung
- die betriebsnotwendigen Anlagen.[212]

Ein Vertragsmuster befindet sich im Anhang des Abschlußberichts der Arbeitsgemeinschaft für Erziehungshilfe (AFET) e.V. zum Thema: „Rahmenverträge nach §78f Achtes Buch Sozialgesetzbuch. Eine Untersuchung im Auftrag des Bundesministeriums für Familie, Senioren, Frauen und Jugend".[213]

Einige Träger stellen ihre Leistungsvereinbarungen im Internet zur Verfügung. Sie können unter Verwendung der gängigen Suchmaschinen gefunden und als Vorlage herangezogen werden.

212 Arbeitsgemeinschaft für Erziehungshilfe (AFET) e. V. (2003), 33ff
213 ebd.

9 Hinweise zur Erstellung eines Konzepts der Musiktherapie als HzE

Die folgenden Hinweise zur Erstellung eines Konzepts beziehen sich schwerpunktmäßig auf die Möglichkeit, HzE als freiberuflich tätiger Musiktherapeut anzubieten. In die Konzeptualisierung der Musiktherapie als HzE sollen die Ausführungen der vorangegangen Kapitel einfließen.

Die persönliche Ausgestaltung des Konzepts bleibt dem jeweiligen Leistungserbringer überlassen. Als Anregung stelle ich einige Beispiele zur Verfügung.

9.1 Allgemeine Vorüberlegungen

Die bisherigen Ausführungen eröffnen einen weiten Raum, in dem sich für musiktherapeutische Konzepte der HzE verschiedene Möglichkeiten bieten. Musiktherapie kann sich direkt auf eine etablierte Hilfeform nach Maßgabe der §§28-35 SGB VIII beziehen oder eine „neue“ Hilfeform auf Grundlage des §27 SGB VIII begründen.

Gleichgültig welcher Weg in der Praxis gewählt wird: das Selbstverständnis der Musiktherapie als HzE ist im Bereich der „sozialpädagogischen Musiktherapie“ anzusiedeln (→ Kap. 5.1.3.5 und 5.2.1). Welche Schwierigkeiten sich aus einer Fokussierung auf ein rein psychotherapeutisches Selbstverständnis der Musiktherapie ergeben können, wurde in Kapitel 4.2.1 diskutiert und am Beispiel des Landes Berlin verdeutlicht (→ Kap. 5.2.1.2).

Welche spezifischen musiktherapeutischen Konzepte und Methoden zur Anwendung kommen, liegt im Ermessen des jeweiligen Musiktherapeuten, der die Kompetenz besitzt, seine Methodenauswahl an den Erfordernissen des Klienten zu orientieren. Verbindliche Übereinkünfte und Standardisierungen, der für den Bereich der HzE in Frage kommenden musiktherapeutischen Methoden, Konzepte und Theorien sind aufgrund der Vielzahl verschiedener musiktherapeutischer Schulen und Ausbildungsgänge in nächster Zeit nicht vorstellbar.

Da die Zuständigkeit für das Schließen von Leistungs- Entgelt- und Kostenvereinbarungen in der Regel beim örtlichen Träger liegt, kann in der Konzeptentwicklung auf regionale Besonderheiten Bezug genommen werden.

Im Konzept ist weiterhin darzustellen, an welchen Zielen mit den Klienten gearbeitet wird und welche Methoden dazu angewandt werden. Hier sollten die im Gesetz formulierten Ziele der HzE (→ Kap. 7) entsprechend berücksichtigt werden.

Da es sich bei den Mitarbeitern der Jugendämter nicht um fachkundige Musiktherapeuten handelt, sollte sich die Darstellung der Musiktherapie nicht im Detail verlieren. Sie werden sich vermutlich wenig für die Differenzen und Abgrenzungen verschiedener Musiktherapieschulen untereinander interessieren. Stattdessen kann auf die besonderen Möglichkeiten und spezifischen Wirkungen von Musik in der Therapie bzw. von Musiktherapie als HzE hingewiesen werden (→ Kap. 6.4.1).

Der Darstellung der Vorzüge und Besonderheiten des therapeutischen Settings kommt besonderer Stellenwert zu, da gerade dies für die konventionellen HzE untypisch ist (→ Kap. 6.4) und Musiktherapie damit eine Erweiterung der Methodenvielfalt innerhalb der HzE darstellt.

Der Musiktherapeut hat im Vorfeld zu überlegen, ob und wie er das soziale Umfeld an der Hilfe beteiligt. Es sind verschiedene Varianten vorstellbar, z. B. regelmäßige Beratungsgespräche mit den an der Erziehung beteiligten Personen oder die Abkopplung der Erziehungsberatung von der Einzelarbeit mit dem Kind oder Jugendlichen. Auf jeden Fall sollte innerhalb des Konzepts eine Position zur Lebenswelt- und Alltagsorientierung bezogen werden.

Die Mitwirkung bei der Hilfeplanung, Form und Inhalt der Berichterstattung, sowie Ausgestaltung und Umsetzung der Schweigepflicht sollten im Konzept dargelegt werden.

9.2 Musiktherapie nach Maßgabe der §28-35 SGB VIII

9.2.1 Stationäre und Teilstationäre Angebote

Bei einer Tätigkeit im Bereich der teilstationären (§32 SGB VIII) oder stationären (§34 SGB VIII) HzE ist von einer Konzeptvorstellung beim Jugendamt abzusehen. Adressaten eines solchen Vorhabens sind die entsprechenden Einrichtungsleiter und deren Träger.

Ziel ist hier nicht, eine Hilfeleistung gemäß §32 oder §34 SGBVIII bereitzustellen, sondern ein Konzept der Musiktherapie in den Bereich der Hilfen nach §32 und §34 SGBVIII zu integrieren. Konzepte dieser Art müssen sich nicht auf den typischen Inhalt einer Leistungsvereinbarung (→ Kap. 8.3) beziehen, da hier kein unmittelbarer Vertrag zwischen dem Leistungserbringer (Musiktherapeut) und dem öffentlichen Träger (Jugendamt) zustande kommt.

9.2.2 Erziehungsberatung

Ähnlich verhält es sich im Bereich der Erziehungsberatung (§28 SGB VIII). Die Aufgaben der Erziehungsberatung können zwar auch durch privatgewerbliche Praxen wahrgenommen werden, setzen aber voraus, dass Fachkräfte verschiedener Fachrichtungen zusammenwirken.[214] Damit scheiden

---

214 Münder (2003), 293 / §28 Rz. 2

freigewerblich tätige Einzelpersonen für die Erbringung von Leistungen gemäß §28 SGB VIII aus.

Es besteht jedoch die Möglichkeit sich mit seinem Konzept einer Erziehungsberatungsstelle anzuschließen.

Eine weitere Möglichkeit könnte darin bestehen, einen Beratungsdienst der die oben genannten Anforderungen erfüllt, zu gründen. Für einen Zusammenschluss von z. B. einem Musiktherapeuten, einem in systemischer Beratung weiterqualifizierten Sozialpädagogen und einem Diplom-Psychologen kommen verschiedene Rechtsformen in Frage.

9.2.3 Intensive sozialpädagogische Einzelbetreuung

Die Problemlagen der Klienten, die diese Hilfeform erhalten deuten auf eine besondere Indikation für psychotherapeutische Leistungen hin. In der Praxis findet die Umsetzung zumeist in erlebnispädagogisch orientierten Projekten statt.

Da die Betreuungsformen für gewöhnlich stationären Charakter haben, hat der Gesetzgeber die Leistungen der „intensiven sozialpädagogischen Einzelbetreuung" unter den Geltungsbereich der §§78a bis 78g SGB VIII gestellt. Da in §78a nicht zwischen ambulanten und stationären Angeboten der „intensiven sozialpädagogischen Einzelbetreuung" differenziert wird, ist das Abschließen einer entsprechenden Leistungsvereinbarung auch für ambulante Hilfen nach §35 SGB VIII zwingend erforderlich.

Es ist jedoch fraglich, ob der öffentliche Träger der Jugendhilfe „Musiktherapie" als „intensive sozialpädagogische Einzelfallhilfe" anerkennen wird, da der Gesetzgeber bei dieser Form der HzE eine besonders hohe „Betreuungsdichte" vor Augen hat.

Deshalb erscheint es eher plausibel, Musiktherapie in bereits bestehende Konzepte der intensiven sozialpädagogischen Einzelbetreuung zu integrieren (→ Kap. 7.6). Da sich der Musiktherapeut in diesem Fall mit seinem Konzept nicht an den öffentlichen Träger, sondern an einen freien Träger (einen Verein) richtet, umgeht er auch die rechtliche Hürde der §§78a bis 78g SGBVIII.

9.2.4 Erziehungsbeistand und Einzelfallhilfe

§30 SGBVIII stellt ein realistisches Betätigungsfeld für freiberufliche Musiktherapeuten dar.

Die „Bewältigung von Entwicklungsproblemen" als im Gesetz formuliertes Ziel der Hilfe, kann mit Methoden der Musiktherapie erreicht werden. Das therapeutische Setting kann als eine spezielle Optimierung der sonst üblichen Handlungsansätze verstanden werden. Das Angebot „Einzellfallhilfe unter Einbeziehung musiktherapeutischer Methoden" stellt dann ein besonders qualifiziertes und spezialisiertes Angebot innerhalb des Geltungsbereichs des §30 SGB VIII dar.

Musiktherapeuten können mit ihrem Konzept beim örtlichen Jugendamt vorstellig werden. Dort sollte es einen Koordinator oder Referenten für „ambulante Dienste" geben, an den man sich wenden kann. Es ist anzustreben, eine Vereinbarung über die Höhe der Kosten gemäß §77 SGB VIII mit dem jeweiligen Jugendamt abzuschließen.

9.2.5 Soziale Gruppenarbeit

Für den Bereich der sozialen Gruppenarbeit (§29 SGB VIII) sind die Ausführungen zu §30 (Erziehungsbeistand und Einzelfallhilfe) entsprechend zu übernehmen.

Musiktherapeutische Konzepte der sozialen Gruppenarbeit, müssen auf die spezielle Zielgruppe, die das Angebot der „sozialen Gruppenarbeit" für gewöhnlich frequentiert, ausgerichtet sein.

In diesem Bereich der HzE besteht für die Musiktherapie noch erhebliches Entwicklungspotenzial. Die konkrete Ausgestaltung eines entsprechenden Konzepts ist aber ein Thema für sich und kann hier nicht weiter behandelt werden.

9.3 Musiktherapie: Eine neue Form der ambulanten HzE

Im Folgenden geht es darum, Musiktherapie jenseits des Methodenkanons der §§28 bis 35 SGBVIII als Form der ambulanten Erziehungshilfe zu konzeptualisieren.

Der Vorteil dieser Variante der Konzeptentwicklung liegt auf der Hand. Musiktherapie ist hier nicht an die spezifischen Ziele und Bestimmungen der §§28-35 SGB VIII gebunden. Sie dienen als Vorlage und können miteinander kombiniert werden. Auch können weitere, spezifische Ziele, die sich aus dem „erzieherischen Bedarf im Einzelfall" ergeben, formuliert werden.

Eine Konzeptualisierung jenseits der Bestimmungen der §§28-35 SGB VIII ist auch deshalb vorzuziehen, weil Musiktherapie als HzE gegenüber den öffentlichen Trägern offensiv als geeignete Methode vertreten werden soll. Die Gewährung musiktherapeutischer Arbeit unter der Maßgabe der §§28-35 birgt die Gefahr, dass die Benennung der Musiktherapie hinter der Benennung der jeweiligen Hilfeform zurücktritt, z. B.: Einzelfallhilfe mit Methoden der Musiktherapie.

Die Konzeptualisierung von Musiktherapie als Methode der Einzelfallhilfe gemäß §30 SGB VIII, wäre sozusagen der Weg durch die „Hintertür". Dieser Weg kann gewählt werden, wenn es für den Verwaltungsapparat der

Behörde von Bedeutung ist, die geleistete Hilfe z. B. aus Gründen der statistischen Erfassung oder Abrechnun einem der §§28-35 zuzuordnen.

In der Wirtschaftsabteilung der Jugendämter (WiJU) wird ein „Antrag auf Einzelfallhilfe gemäß §30 i.V.m. §27 SGB VIII“ sicherlich weniger Aufsehen erregen als ein „Antrag auf Musiktherapie als HzE“.

9.4 Inhaltlicher Bezug zur Leistungsvereinbarung

Beim Erstellen eines Konzepts zur Vorlage beim Jugendamt sollen auch die für Leistungsvereinbarungen kennzeichnenden Inhalte berücksichtigt werden (→ Kap. 8.3). Die folgende Struktur kann als Grundlage zur Erstellung eines Konzepts der Musiktherapie als ambulante Erziehungshilfe (→ Kap. 9.2) herangezogen werden. Soweit die Inhalte bereits diskutiert wurden, wird auf die entsprechenden Kapitel verwiesen.

9.4.1 Benennung der Leistungsart

Als Art der Leistung ist das Konzept „Hilfe zur Erziehung gemäß §27 SGB VIII“ zu benennen. Um einen Bezug zur Musiktherapie herzustellen kann die Leistungsart wie folgt beschrieben werden:

Beispiel:

Leistungsart
Hilfe zur Erziehung (§27,3 SGB VIII) unter Anwendung sozialpädagogischer Musiktherapie

9.4.2 Darstellung des Selbstverständnisses der Musiktherapie als HzE

Hier kann eine Darstellung der sozialpädagogischen Musiktherapie erfolgen (→ Kap. 5.1.3.5).

Im Anschluss können die Argumente für den Einsatz von Musiktherapie (→ Kap. 6.6) dargelegt werden.

Beispiel:

Selbstverständnis und Definition der Musiktherapie im Bereich der HzE

Musiktherapie im Bereich der HzE versteht sich als „sozialpädagogische Musiktherapie". Dieser Begriff wurde entscheidend durch ALMUT SEIDEL, langjährige Leiterin der Musiktherapieausbildung an der FH Frankfurt a. M., geprägt und lässt sich folgendermaßen umreißen:

- Bei sozialpädagogischer Musiktherapie handelt es sich um ein „nicht-diagnosespezifisches" Angebot.
- Sie richtet sich an den ganzen Menschen; das Konzept klientenzentrierter Psychotherapie und personenzentrierten Handelns hat einen hohen Stellenwert.
- Den Klienten fehlen die typischen Merkmale eines Psychotherapiepatienten. Sie sind selten bereit, psychotherapeutische Hilfe aus eigener Motivation in Anspruch zu nehmen.
- Es sind Menschen, deren Lebensumstände, Entwicklungs- und Aufwachsbedingungen eine ungestörte Sozialisation nicht zulassen.
- Die Ich-stärkende Arbeit verfolgt das Ziel der Nachreifung und Entwicklungsbegleitung.
- Sozialpädagogische Musiktherapie ist Beziehungsarbeit und folgt einem situativ-offenen, interaktionellen Prinzip.
- Ihre Basis ist die „freie Improvisation", wie sie als Handwerk der Musiktherapie entwickelt wurde.
- Das Therapieverständnis ist in der Rolle des Begleitens aufgehoben.
- Als theoretische Bezugssysteme werden nicht die Psychopathologie der Persönlichkeit und Krankheitslehren, sondern Theorien der defizitären und abweichenden Sozialisation herangezogen.

Der Arbeitsauftrag der sozialpädagogischen Musiktherapie besteht in Wachstumsförderung und Entwicklungsbegleitung, nicht in Heilung einer seelischen Krankheit.

Sozialpädagogische Musiktherapie stellt damit eine Optimierung der sozialen Arbeit auf der Basis einer fachlich ausgereiften Spezialisierung dar.

9.4.3 Darstellung des Adressatenkreises

Hier erfolgt eine Beschreibung der Klientel. Der Personenkreis kann entsprechend Kapitel 3.4 beschrieben werden.

Beispiel:

Adressatenkreis

Die Hilfe richtet sich an Kinder und Jugendliche, für die ein Anspruch auf Hilfe zur Erziehung gemäß §27 SGB VIII besteht.

In der Regel wird es sich um Kinder und Jugendliche handeln, die vor allem Probleme im Erlebens- und Verhaltensbereich oder im Leistungsbereich aufweisen und bei denen der Verbleib auf der Regelschule gefährdet ist oder für die bereits schulischer Erziehungshilfebedarf festgestellt wurde.

Anlässe der Hilfe können sein:

- Emotionale Probleme (Ängste, Traurigkeit, Selbstwertunsicherheit, ...)
- Entwicklungsverzögerungen (im Bereich der Selbständigkeit, Ausdrucksfähigkeit, ...)
- Auffälligkeiten im Sozialverhalten (Aggressionen, Gewalttätigkeit, Gehemmtheit, Isolation, Geschwisterrivalitäten, ...)
- Schwierigkeiten mit Leistungsanforderungen (Konzentrationsstörungen, Prüfungsangst, übertriebener Ehrgeiz, ...)
- Trennung und Verlust (Scheidung der Eltern, Umzug, Tod, ...)
- Schwierige Familiensituation (Konflikte mit den Eltern, Alkoholprobleme, Arbeitslosigkeit, Gewalt, psychische Krankheit...)

Das Angebot der Musiktherapie als HzE ist auch zur Ergänzung stationärer oder teilstationärer Maßnahmen geeignet.

9.4.3.1 Ausschlüsse

Hier wird aufgezählt, für wen keine Leistungen nach dem Konzept erbracht werden. Es kann auf die Abgrenzung zur klinischen Arbeit und auf die Abgrenzung gegenüber Leistungen auf der Grundlage des §35a hingewiesen werden.

Beispiel:

Musiktherapie als HzE richtet sich nicht an

- Kinder mit akuten und schwerwiegenden psychiatrischen und psychischen Krankheiten und Störungen (z. B akute Psychosen), da für diese vorrangig die Krankenkassen zuständig sind.
- körperlich und geistig behinderte Kinder und Jugendliche, wenn für sie ein Anspruch auf Eingliederungshilfe besteht.

9.4.4 Darstellung der Ziele der Hilfe

Zunächst ist auf den allgemeinen Auftrag der Kinder- und Jugendhilfe hinzuweisen (→ Kap. 1.1.1). Ebenso können die Ziele der Erziehungshilfen (→ Kap. 5.3 und Kap. 7) angeführt werden.

Ausgewählte, spezifische Zielvorstellungen der musiktherapeutischen Intervention können allgemein benannt werden (→ Kap. 5.1.3.1ff). Zusätzlich kann auf die Bedeutung des Einzelfalls hingewiesen werden.

Beispiel:

Ziele der Hilfe

Oberstes Ziel ist die Förderung der Entwicklung des jungen Menschen zu einer eigenständigen und gemeinschaftsfähigen Persönlichkeit. Das Angebot der Musiktherapie bietet den Kindern und Jugendlichen eine Unterstützung und Begleitung bei der Bewältigung und Überwindung ihrer Entwicklungsschwierigkeiten und Probleme.

Die spezifischen, konkreten Ziele richten sich nach den Erfordernissen im Einzelfall und folgen den Vorgaben der Hilfeplanung.

Insgesamt werden folgende Inhalte und Ziele angestrebt:

- Die konstruktive Darstellung und Externalisierung der interpersonalen Lage;
- der Entwurf von Veränderungsmöglichkeiten sowie die Kompensation von Defiziten, soweit möglich;
- die Entwicklung neuer Verhaltensweisen;
- die Entwicklung einer erweiterten Eigen- und Fremdwahrnehmung;
- die Erhöhung der Kooperationsbereitschaft und der sozialen Kompetenz;
- die Entfaltung individueller Fähigkeiten;
- die Fähigkeit, zwischen Distanz und Nähe elastisch zu pendeln;
- sowohl Durchsetzungsfähigkeit wie Hilfsbereitschaft zu entfalten;
- Isolierung, Hemmung, krankhafte Egozentrik sollen abgebaut werden;
- die Stabilisierung der therapeutisch angestrebten Entwicklung, auch im außertherapeutischen Bereich.

9.4.5 Darstellung der musiktherapeutischen Arbeit

Eine Darstellung der besonderen Bedeutung und Wirkung kann den Absatz einleiten (→ Kap. 6.4.1). Insgesamt sind hier die zur Anwendung kommenden Methoden grob zu beschreiben, z. B eine Beschreibung der Methode der freien Improvisation in der Musiktherapie mit Kindern und Jugendlichen.

Beispiel:

Musiktherapeutische Handlungsformenn[215]

In der Musiktherapie mit Kindern und Jugendlichen kommt der Musik hinsichtlich der Bedeutung von Klang und Instrument eine spezifische Funktion als Ergänzung zu anderen Ausdrucksmitteln wie Spielen, Malen, Gespräch, Bewegung und Tanz zu. Innerhalb des musikalischen Geschehens ergeben sich Wachstumschancen in Bezug auf die Förderung der Kommunikations- uns Ausdrucksfähigkeit.

Die Musik bietet die Möglichkeit zur Rekonstruktion des seelischen Geschehens mit dem Ziel von Erkennen, Verstehen und auch verbalem Bearbeiten.

Nach psychoanalytischem Verständnis drückt sich das Seelische im Handeln symbolhaft aus und kann so verstanden werden. Musiktherapie bezieht sich im Wesentlichen auf diese Ebene. Im Spiel, der gemeinsamen Improvisation, werden seelische Formenbildungen, Lebensentwürfe, Haltungen und Konflikte ausgedrückt und verdichtet. In einem zweiten Schritt werden diese verbalisiert.

Ob die Musiktherapie dabei mehr übend oder verhaltenszentriert, mehr auf-deckend oder erlebniszentriert, ob sie aktivierend oder beruhigend ist oder einen anderen Charakter hat, richtet sich nach den Erfordernissen des Einzelfalls.

Grundlage der Musiktherapie ist die gemeinsame musikalische Improvisation.

Zur Improvisation in der Musiktherapie mit Kindern und Jugendlichen

- Musik wurde schon immer als improvisierte und phantasierte Musik überliefert. Das Spiel mit Klängen in der musikalischen Improvisation war in vielen musikalischen Stilen – vom Barock über Freejazz bis zum Hip-Hop – stets eine wichtige Ausdrucksform menschlicher Kreativität.
- In der aktiven Musiktherapie hat die Improvisation einen besonderen Stellenwert, da sie am elementaren musikalischen Ausdruck des Menschen ansetzt und keinerlei Vorkenntnisse erfordert.
- In der Improvisation wird es möglich, emotionales Erleben zu aktivieren und auszudrücken, indem innere Bewegung in Form von Gefühlen, Gedanken oder Bildern auf äußere (motorische) Bewegungen an einem Instrument oder mit der Stimme übertragen werden.

Die Struktur der Improvisation wird entsprechend der Zielsetzung geplant und mit dem Klienten abgesprochen.

- Die freie Improvisation bietet dem Kind / dem Jugendlichen die Möglichkeit seine aktuelle Befindlichkeit spontan auszudrücken. Dabei wird es vermieden, das Kind / den Jugendlichen durch das Aufstellen von Spielregeln einzuschränken.
- Die thematische Improvisation gibt den Rahmen der Improvisation durch ein bestimmtes Thema vor. So können z. B. erlebte Szenen zum Ausgangspunkt einer Improvisation werden. Die musikalische Phantasie des Kindes oder Jugendlichen wird durch das jeweilige Thema angeregt. In der Improvisation können sich damit verbundene Gefühle und emotionale Veränderungen ausdrücken.

215 zum folgenden Abschnitt vgl. Plahl / Koch-Temming (2005), 173-179

- Die Improvisation mit Spielregeln fokussiert die Aufmerksamkeit des Kindes oder Jugendlichen auf einen bestimmten Bereich und regt gleichzeitig dazu an, die Spielmöglichkeiten im Rahmen dieser Regeln zu erforschen. Durch das Einführen von Spielregeln kann auch ein sozialer Rahmen gestaltet werden, der die Übernahme von sonst nicht gewählten Rollen erleichtern kann.

Durch die Stille am Anfang und Ende der Improvisation erhält die Musik ihren Mitteilungs- und Ausdruckscharakter. Mindestens genau so wichtig wie das entstandene musikalische Produkt ist der Prozess der Improvisation. Es kann sehr aufschlussreich sein, wie eine Improvisation anfängt oder aufhört. Da die Musik im gemeinsamen Spiel mit dem Kind oder Jugendlichen geschaffen wird, können die dabei entstehenden musikalischen und zwischenmenschlichen Prozesse wichtige Hinweise auf die besonderen Bedürfnisse des Kindes oder des Jugendlichen geben. In der Art der musikalischen Darstellung können sich gewohnte Handlungsmuster des Kindes /des Jugendlichen zeigen, die auf diese Weise gegebenenfalls auch für das Kind /den Jugendlichen deutlich erkennbar und veränderbar werden.

9.4.6 Abgrenzung der Konzeption

9.4.6.1 Gegenüber Leistungen der Krankenfürsorge

Um Missverständnisse bezüglich der Zuständigkeit der Krankenkassen zu vermeiden, kann nochmals auf den nicht diagnosespezifischen Ansatz der sozialpädagogischen Musiktherapie verwiesen werden.

Beispiel:

Abgrenzung gegenüber Leistungen der Krankenfürsorge

Die sozialpädagogische Musiktherapie ist keine Leistung der Krankenfürsorge, da die für eine psychotherapeutische Heilbehandlung notwendige Diagnose nicht gestellt und auch nicht erforderlich ist.

9.4.6.2 Gegenüber musikpädagogischen Angeboten

Da die Übergänge zwischen Pädagogik und Therapie oft fließend sind (→ Kap. 5.1.3) sollte klar gestellt werden, dass die Ziele hier im außermusikalischen Bereich liegen.

Beispiel:

Abgrenzung gegenüber musikpädagogischen Angeboten

Die Ziele der Musiktherapie liegen im außermusikalischen Bereich. Es geht vor allem darum, mit leicht spielbaren Instrumenten aus aller Welt das zum Ausdruck zu bringen, was mit Worten nicht so gut auszudrücken ist. Musikalische Vorkenntnisse sind dazu nicht erforderlich. Die Vermittlung von Spieltechniken und musiktheoretischem Wissen gehören nicht in den Bereich der Musiktherapie.

9.4.7 Darstellung der Lebenswelt- und Alltagsorientierung

ALLERMANN und SEIDEL führen aus, dass das ambulante Setting innerhalb der gewohnten Bezüge des Alltags stattfindet.[216] Der Alltag spiele in der ambulanten Therapie immer eine Rolle, da die Klienten „ganz frisch und unmittelbar" aus dem Alltag in die Therapie kommen und die Geschehnisse, die oft noch nicht psychisch verarbeitet sind, mitbringen.[217]

Nach HÄBEL bezieht sich der Begriff „Einbeziehung des engeren sozialen Umfelds" ebenso auf Arbeitsansätze, die das soziale Umfeld lediglich als zu analysierenden Faktor in den Hilfeprozess aufnehmen.[218]

Beispiel:

Lebenswelt- uns Alltagsorientierung

Da die sozialpädagogische Musiktherapie als ambulante HzE in den gewohnten Bezügen des Klienten stattfindet, entfallen die für eine Krankenbehandlung typischen Schwellen- und Stigmatisierungsängste.

Der Alltag spielt in der ambulanten Hilfe immer eine Rolle, da die Kinder und Jugendlichen ganz frisch und unmittelbar aus ihrem Alltagsbezug in die Therapiestunde kommen. Oft sind die aktuellen Geschehnisse psychisch noch nicht verarbeitet: schlechte Noten, Gewalterlebnisse, Stress mit den Eltern, Familienfeste, Ärger bei der Lehrstelle oder aber Geburtstag, Verliebtsein, soziale Wirklichkeit in der Gruppe der Peers, Sport, Mode, Aussehen, Körperkult und vieles mehr sind Dinge, die sie beschäftigen und die sie in die Therapie herein tragen.

Das soziale Umfeld wird als zu analysierender Faktor in die Arbeit mit einbezogen.

Die Personensorgeberechtigten sollen durch das Angebot regelmäßiger Elterngespräche einbezogen werden.

216 vgl. Aurora / Seidel (2002),344 und Allermann (1989)
217 ebd.
218 Häbel (1998), 22 / §27 Rz. 36

9.4.8 Darstellung der Einbeziehung des engeren Umfelds

Die Intensität und der Umfang der Beteiligung müssen festgelegt werden. Es ist darzustellen, inwieweit eine Beratung der an der Erziehung des Kindes, bzw. Jugendlichen beteiligten Personen durchgeführt wird. In Kap. 6.1 wurden bereits Argumente für die Entkopplung von Beratung und Therapie geliefert. Prinzipiell ist auch eine gegensätzliche Argumentation vertretbar.

Die Einbeziehung des engeren Umfelds kann in der Praxis durch das Angebot von regelmäßigen Elterngesprächen geleistet werden. Frequenz und Setting sind entsprechend festzuschreiben.

Beispiel:

Trennung zwischen Erziehungsberatung und therapeutischer Tätigkeit

Das Angebot regelmäßiger Elterngesprächen im Rahmen der Musiktherapie ist nicht mit einer intensiven Erziehungsberatung zu verwechseln.

In vielen Fällen ist die Eltern-Kind-Beziehung von derart starkem Misstrauen oder Gewalt geprägt, dass es kontraindiziert ist, die therapeutische Arbeit mit dem jungen Menschen und die intensive Beratung seiner Erzieher in einer Person zu vereinen. In diesem Fall wäre der Aufbau einer emotional besetzten vertrauensvollen Beziehung zum jungen Menschen von vornherein gefährdet, da die Phantasie der heimlichen Weitergabe von Informationen oder Geheimnissen im Raum stünde. Auch könnten sich Loyalitätskonflikte, sowohl auf Seiten des Therapeuten als auch auf Seiten des Kindes oder Jugendlichen, einstellen.

Im Konzept der Musiktherapie als HzE steht das Kind bzw. der Jugendliche im Mittelpunkt des Geschehens. Die Problemlage wird aus seiner Sicht begriffen und bearbeitet.

Die intensive Beratung des sozialen Umfelds kann durch die Kooperation mit anderen Beratungsdiensten geleistet werden. Die musiktherapeutische HzE kann zum Beispiel mit dem Angebot einer systemischen Beratung kombiniert werden.

In größeren Abständen können so genannte Helferrunden stattfinden, zu denen alle an der Förderung des Kindes und der Familie beteiligten Fachleute sowie die Eltern eingeladen werden.

9.4.9 Durchführung und Umfang der Leistung

Eine stichpunktartige Beschreibung des Hilfeverlaufs regelt, welche Leistungen der freie Träger verbindlich erbringt und wie der Ablauf der Hilfe festgelegt ist.

- Wie wird die Hilfe eingeleitet?
- Wie kommt der Erstkontakt zustande?
- Wie lange dauert eine Therapiestunde? Wie ist der Betreuungsschlüssel?
- Wie wird das Angebot der Elternarbeit umgesetzt?

- Welche räumlichen und materiellen Ausstattungen hält der freie Träger für das Angebot bereit?
- Welche weiteren Aufgaben nimmt der Leistungserbringer im Verlauf der Hilfe wahr?

Beispiel:

Durchführung und Umfang der Leistung

Einleitung der Hilfe

Nach Beschluss der Maßnahme wird der Leistungserbringer durch den öffentlichen Träger informiert. Der Leistungserbringer prüft, ob und in welchem Zeitraum die Maßnahme einsetzen kann und informiert entsprechend darüber.

Erstkontakt

Zum Beginn der Hilfe wird der junge Mensch nach Möglichkeit gemeinsam mit seinen Erziehern zu einem Erstgespräch in den Musiktherapieraum eingeladen.

Setting

Die Musiktherapiestunde mit dem Kind bzw. dem Jugendlichen dauert 45 Minuten und findet mit der Frequenz einmal pro Woche und einem Betreuungsverhältnis von 1:1 statt.

Elternarbeit

Ein regelmäßiges Gesprächsangebot mit dem Ziel, ein möglichst tragfähiges Arbeitsbündnis zu erreichen, soll sich im Abstand von ca. vier Wochen an die Personensorgeberechtigten richten.
Intensität und Umfang der Beratung richtet sich nach den Gegebenheiten des Einzelfalls.

Räumliche Ausstattung

Die Durchführung des Angebots findet in den Räumen der Beratungsstelle XYZ statt. Adresse: XYZ

Weitere Aufgaben

Neben der Durchführung der Einzelarbeit mit dem jungen Menschen und der Elternarbeit werden eine Mitwirkung an der Hilfeplanung und die Beteiligung an Helferrunden angestrebt.

9.4.10 Grenzen der Hilfe

Hier wird dargestellt, wann diese Form der Hilfeleistung nicht ausreicht (→ Kap. 3.5).

Beispiel:

> **Grenzen der Hilfe**
>
> Das ambulante Erziehungshilfeangebot reicht nicht aus, wenn das Wohl des Kindes oder Jugendlichen so massiv gefährdet ist, dass zu dessen Schutz und Wohlergehen eine sofortige Intervention außerhalb der eigenen Familie notwendig ist. In diesem Fall muss das ambulante Angebot entsprechend ergänzt werden.

9.4.11 Zur Qualität des Angebots

Der Gesetzgeber hat im SGB VIII keine Kriterien festgelegt, nach denen die Qualität einer Leistung zu bemessen ist. Darum ist es nicht verwunderlich, dass in der Kinder- und Jugendhilfe keine Einigkeit darüber besteht, was unter Qualität zu verstehen ist.[219]

Unter Strukturqualität wird in den Rahmenleistungsverträgen der Länder u. a. auf die personelle Ausstattung und Qualifikation verwiesen.[220] Demnach kann der Leistungserbringer an dieser Stelle seine berufliche Qualifikation darstellen.

Als Methoden zur Qualitätsüberprüfung (und Leistungsverbesserung) gelten u. a. die Dokumentation, die Fortbildung und die Supervision, die interne Beratung und Anleitung, die regelmäßige Fallbearbeitung in Teams.[221]

Im Mittelpunkt der Ergebnisqualität steht die Überprüfung der Zweckerreichung; je erfolgreicher die Umsetzung des Hilfeplanes gelingt, desto höher ist die Qualität der Ergebnisse zu bewerten.

219 Arbeitsgemeinschaft für Erziehungshilfe (AFET) e. V. (2003), 39
220 ebd., 71
221 ebd., 73

Beispiel:

Qualität des Angebots

Qualifikation des Leistungserbringers:
- Staatlich anerkannter Diplom-Sozialarbeiter (FH)
- Musiktherapeut (M.A.)
- Anerkennung als Psychotherapeut nach dem HPG

Maßnahmen zur Qualitätssicherung und -entwicklung
- Fort- und Weiterbildung
- regelmäßige Fallsupervision
- Instrument der Ergebniskontrolle ist das Hilfeplanverfahren

9.4.12 Dauer der Maßnahme

Folgende Punkte sollen an dieser Stelle in das Konzept einfließen:
- Für welchen Zeitraum wird die Maßnahme jeweils gewährt?
- Wie lange soll die Maßnahme insgesamt höchstens gewährt werden?

Beispiel:

Dauer der Maßnahme

Die Maßnahme soll zunächst für den Zeitraum von sechs Monaten festgeschrieben werden. Innerhalb dieser Zeit sollte sich das Abbild der Problemlage weiter ausdifferenzieren. Auf dieser Grundlage muss entschieden werden, ob die Maßnahme fortgeführt und ggf. durch die kooperative Einbeziehung weiterer ambulanter Angebote unterstützt wird oder ob eine andere Form der Hilfe notwendig ist.

Insgesamt bleibt das Ziel der Maßnahme, die Betroffenen zur Selbsthilfe zu befähigen, Krisen zu bewältigen und Probleme zu lösen. Solange die Maßnahme eine geeignete Methode zur Erreichung der individuellen Ziele darstellt kann sie entsprechend fortgeführt werden.

9.4.13 Höhe der Kosten

Im Konzept muss noch keine konkrete Angabe über die Höhe des Entgelts gemacht werden. Im Internet lassen sich zwar Leistungsvereinbarungen verschiedener Träger und Einrichtungen herunterladen, bezüglich der letztlich abgeschlossenen Entgeltvereinbarungen herrscht aber Stillschweigen.

Als Berechnungsgrundlage kann die Einheit „Fachleistungsstunde" herangezogen werden. So ist es möglich auf die Vereinbarungen mit den Anerkannten freien Trägern bezüglich des Fachleistungs-Stundensatzes im Bereich der ambulanten HzE zu verweisen.

Beispiel:

Höhe der Kosten

Berechnungsgrundlage ist die Fachleistungsstunde.
Für jede vereinbarte Sitzung wird dem öffentlichen Träger eine Fachleistungsstunde in Rechnung gestellt. Pro Sitzung werden 15 Minuten angesammelt, die zur Mitwirkung an der Hilfeplanung, der Beteiligung an Helferrunden und für das Angebot von Elterngesprächen eingesetzt werden.

Die Kosten der Musiktherapie sollen sich an den Vereinbarungen über entsprechende Fachleistungsstundensätze mit den anerkannten Träger der ambulanten HzE orientieren.

Eine Vereinbarung über die Höhe der Kosten gemäß §77 SGB VIII wird angestrebt.

10 Schlussbemerkung und Ausblick

Je mehr ich mich mit der Option einer Integration musiktherapeutischer Angebote in das Leistungsangebot der HzE befasse, desto größer erscheinen mir die Potenziale einer musiktherapeutischen Tätigkeit in diesem Bereich. Umso verwunderlicher ist es, dass diese Option in der Praxis bisher kaum Beachtung findet.

Da das SGB VIII keine abschließende Aufzählung von zulässigen Erziehungshilfen liefert und es darauf verzichtet, das Verhältnis von therapeutischen und pädagogischen Leistungen eindeutig festzuschreiben, muss im jeweiligen Fall das entsprechende Landesrecht beachtet werden.

Das Land Berlin hat hier eine besonders einschränkende Rechtsposition bezogen. Es muss aber festgehalten werden, dass die übrigen Bundesländer in ihren Ausführungsgesetzen zum KJHG die Frage nach der Zulässigkeit von therapeutischen Leistungen als HzE unbehandelt lassen. Da es also innerhalb der meisten Bundesländer keine Rechtsvorschrift gibt, die Musiktherapie als therapeutische Leistung der HzE ausgrenzt, bleibt den örtlichen Jugendämtern hier ein besonderer Ermessensspielraum.

Einigkeit besteht darin, dass es sich bei der HzE im Wesentlichen um eine sozialpädagogische Hilfe handelt. Letztlich muss jeder für sich entscheiden, mit welchem Selbstverständnis von Musiktherapie er dem öffentlichen Träger der Jugendhilfe gegenüber tritt. Wer auf einem „therapeutischen" oder gar „psychotherapeutischen" Selbstverständnis besteht, könnte ggf. Schwierigkeiten bekommen.

Nach eingehender Beschäftigung mit dem Thema „therapeutische Leistungen als Hilfe zur Erziehung" stelle ich allerdings fest, dass die Argumente *für* die Zulassung therapeutischer Leistungen als HzE überwiegen. Ich hoffe sehr, mit Kapitel 4 eine Grundlage für eventuell auftretende Diskussionen geliefert zu haben.

Die potentiellen Einsatzmöglichkeiten von Musiktherapie als HzE konnten hier nur „nach Aktenlage" ermittelt und diskutiert werden. Die vorgeschlagenen Ideen zur Integration der Musiktherapie in die bestehenden Angebote der HzE müssen – ebenso wie die Option der Konzeptualisierung der Musiktherapie als ambulante HzE jenseits der klassischen Erziehungshilfen – ihre Tauglichkeit für den Alltag der HzE erst noch unter Beweis stellen.

Literatur

Adam-Lauer, G. (1996): Psychotherapie. In: Kreft, D. ;Mielenz, I. (Hrsg): Wörterbuch soziale Arbeit. Weinheim und Basel.

AG KJHG: Gesetz zur Ausführung des Kinder und Jugendhilfegesetzes (Berlin). http://www.berlin.de/imperia/md/content/sen-jugend/rechtsvorschriften/ag_kjhg.pdf am 7.10.2007

Allermann, E. (1989): Musiktherapeutische Arbeit mit verwahrlosten Jugendlichen. Musiktherapeutische Umschau 10, 267-274.

Arbeitsgemeinschaft für Erziehungshilfe (AFET) e. V. (2003): Rahmenverträge nach §78f Achtes Buch Sozialgesetzbuch. Eine Untersuchung im Auftrag des Bundesministeriums für Familie, Senioren, Frauen und Jugend. http://www.bmfsfj.de/bmfsfj/generator/RedaktionBMFSFJ/Abteilung5/Pdf-Anlagen/rahmenvertr_C3_A4ge-_C2_A778,property=pdf,bereich=,sprache=de,rwb=true.pdf am 22.09.2007

Aurora, E; Seidel, A. (2002): Zwischen Alltag und Schonraum. Ambulante Musiktherapie mit Jugendlichen. Musiktherapeutische Umschau 23/4, 342-345.

AV-Psychotherapie-ambulant: Ausführungsvorschriften über ambulante psychologische Psychotherapie und Kinder- und Jugendpsychotherapie nach den §27 und 35a SGBVIII. Amtsblatt für Berlin Nr. 56 /01.12.2000 S. 4559-4562, http://www.bapp-berlin.de/Archiv/Rechtsquellen/SGB-VIII/SGB-VIII-Dateien/AV%20Psychotherapie-ambulant.pdf am 7.10.2007

AV-Hinweise.htm: Hinweise zur AV-Psychotherapie-ambulant, http://www.bapp-berlin.de/Archiv/Rechtsquellen/SGB-VIII/SGB-VIII-Dateien/AV-Hinweise.htm am 7.10.2007

Beimert, R. (1985): Musiktherapie in der Erziehungsberatung. Eine Einführung in die Musische Sozialtherapie. Frankfurt am Main.

Bundesarbeitsgemeinschaft der Landesjugendämter; Internationale Gesellschaft für erzieherische Hilfen (Hrsg.) (2003): Recht haben – recht kriegen. Ein Ratgeber nicht nur für Jungen und Mädchen in der Jugendhilfe. Weinheim.

Bundesministerium für Familie, Senioren, Frauen und Jugend. http://www.bmfsfj.de/Publikationen/spfh/1-Sozialpaedagogische-familienhilfe-spfh-begriff-und-forschungsueberblick/1-1-was-ist-sozialpaedagogische-familienhilfe-.html am 8.10.2007

Decker-Voigt, H.-H. (Hrsg.) (1983): Handbuch Musiktherapie. Funktionsfelder. Verfahren und interdisziplinäre Verflechtungen. Lilienthal; Bremen.

Decker-Voigt, H.-H.; Knill, P.; Weymann, E. (Hrsg.) (1996): Lexikon Musiktherapie. Göttingen; Bern; Toronto; Seattle.

Decker-Voigt, H.-H. (Hrsg.) (2001): Schulen der Musiktherapie. München und Basel.

Fiesler, G.; Schleicher, H. (1998): Kinder- und Jugendhilferecht. Gemeinschaftskommentar zum SGB VIII, Neuwied und Kriftel.

Frohne-Hagemann, I; Pleß-Adamczyk, H. (2005): Indikation Musiktherapie bei psychischen Problemen im Kindes- und Jugendalter. Göttingen.

Gernert, W; Oehlmann-Austermann, A. (2004): Anerkennung als freier Träger der Jugendhilfe. §75 SGB VIII. Stuttgart.

Günder, R. (1999): Hilfen zur Erziehung. Eine Orientierung über die Erziehungshilfen im SGB VIII. Freiburg im Breisgau.

Günther, W. (1992): Pädagogische Musiktherapie mit Kindern in Heimeinrichtungen. Essen.

Gustorff, D. (2001): Schöpferische Musiktherapie (nach Nordoff/Robbins). in: Decker-Voigt (Hrsg.): Schulen der Musiktherapie, München und Basel.

Häbel, H. (1998): §27 Hilfe zur Erziehung. In: Fiesler, G.; Schleicher, H. (Hrsg.): Kinder- und Jugendhilferecht. Gemeinschaftskommentar zum SGB VIII, Neuwied und Kriftel.

Hartogh, T.; Wickel, H. H. (2004): Handbuch Musik in der Sozialen Arbeit. Weinheim und München.

Heinecke, B. (1998): Sozialmusiktherapie mit lernbehinderten und aggressiven Kindern. In: Schwabe, C.; Haase, U. Crossener Schriften zur Musiktherapie Band VII – Die Sozialmusiktherapie. 203-215, Herausgegeben von der Akademie für angewandte Musiktherapie Crossen.

Hessisches Kinder- und Jugendhilfegesetzbuch (HKJHG). http://www.hessenrecht.hessen.de/gesetze/34_Fuersorge_und/34-56-HKJGB/HKJGB.htm am 7.10.2007

Iben, G. (1996): Erziehungsbeistandschaft. In: Kreft, D.; Mielenz, I. (Hrsg): Wörterbuch soziale Arbeit. Weinheim und Basel.

Jordan, E. (1996): Erziehungshilfen. In: Kreft, D.; Mielenz, I. (Hrsg): Wörterbuch soziale Arbeit. Weinheim und Basel.

Jugend-Rundschreiben Nr. 66/2006: Verfahren zur Gewährung von ambulanter Psychotherapie gemäß §§27 oder 35 a SGB VIII, integrativer Lerntherapie gemäß §35 a SGB VIII, Familientherapie gemäß §27 SGB VIII. http://www.bjsinfo.verwalt-berlin.de/DokLoader.aspx?DokID=1562 oder über http://www.berlin.de/sen/jugend/rechtsvorschriften/brvj.html am 14.10.2007

Jung, H.-P.(2006): SGB VIII Kinder- und Jugendhilfe. Kommentar zum SGB VIII mit Schriftsatz- und Vertragsmustern. Freiburg; Berlin.

Jürgens, P. (2001): Geh weg, du bist schrecklich. Musiktherapeutische Umschau 22, 93-101, Göttingen.

Knab, E. (2004): Musik in der Heimerziehung. in: Hartogh; Wickel (Hrsg.): Handbuch Musik in der Sozialen Arbeit. Weinheim und München.

Koch-Temming, H. (2003): Behindertes Kind – behinderte Familie? Kindermusiktherapie und Elternarbeit. Musiktherapeutische Umschau 24/3, 240-251, Göttingen.

Kreft, D.; Mielenz, I. (1996): Wörterbuch soziale Arbeit. Aufgabenfelder, Praxisfelder, Begriffe und Methoden der Sozialarbeit und Sozialpädagogik. Weinheim und Basel.

Kunkel, P.-C. (2002): Kinder- und Jugendhilfe. ARD Ratgeber Recht, deutscher Taschenbuch Verlag.

Liebetrau, G.; Hähner, U.; Decker-Voigt, H.-H. (1977): Musiktherapie in der Heimerziehung. Therapie und Erziehung durch Musik, Bd. 5. Lilienthal; Bremen.

Lütjen, U. (1997): Organisation und Finanzierung von Trägern der freien Jugendhilfe. Ein Praxisleitfaden. Neuwied, Kriftel, Berlin.

Mahns, W. (1998): Musiktherapie mit Kindern – Ein Überblick. Musiktherapeutische Umschau 19/3, 151-163, Göttingen.

Marburger, Horst (2007): SGB VIII. Kinder- und Jugendhilfe Kurzkommentar. Regensburg; Berlin.

Mastnak, W. (1996): Berührung Musikpädagogik – Musiktherapie. in: Decker-Voigt (Hrsg.): Lexikon Musiktherapie. Göttingen; Bern; Toronto; Seattle.

Müller, R. (2004): Musiksoziologische Grundlagen. in: Hartogh und Wickel (Hrsg.): Handbuch Musik in der Sozialen Arbeit. Weinheim und München.

Münder, J. (1996): Kinder- und Jugendhilfegesetz (KJHG). in: Kreft, D.; Mielenz, I. (Hrsg.): Wörterbuch soziale Arbeit. Weinheim und Basel.

Münder, J. (2003): Frankfurter Kommentar zum SGB VIII: Kinder- und Jugendhilfe. Weinheim; Berlin; Basel.

Nothacker, G. (1998): §36 Mitwirkung. Hilfeplan. in: Fiesler, G.; Schleicher, H. (Hrsg.): Kinder- und Jugendhilferecht. Gemeinschaftskommentar zum SGB VIII. Neuwied und Kriftel.

Plahl, C.; Koch-Temming, H. (2005): Musiktherapie mit Kindern. Grundlagen – Methoden – Praxisfelder. Bern.

Palmowski, W. (1981): Therapiebegriff und Pädagogik. Musiktherapeutische Umschau 2, 195-201, Göttingen.

Petersen, D. (1998): „Böse Musik" Analytisch orientierte Musiktherapie mit Kindern. Musiktherapeutische Umschau 19/3, 176-184, Göttingen.

Probst, W. (1983): Pädagogische Musiktherapie – Theorie und Verfahren. in: Decker-Voigt (Hrsg.): Handbuch Musiktherapie. Funktionsfelder, Verfahren und interdisziplinäre Verflechtungen. Lilienthal; Bremen.

Rahmenleistungsvereinbarung zu den ambulanten therapeutischen Leistungen gemäß SGB VIII. http://www.bapp-berlin.de/Archiv/Rechtsquellen/SGB-VIII/SGB-VIII-Dateien/060601Rahmenleistungsbeschr_amb_thera_leist%5b1%5d.pdf am 11.10.2007

Reichert, R (2006): Zweiter Abschnitt: Zusammenarbeit mit der freien Jugendhilfe, ehrenamtliche Tätigkeit (§73 bis §78). in: Jung, H.-P. (Hrsg.): SGB VIII Kinder- und

Jugendhilfe. Kommentar zum SGB VIII mit Schriftsatz- und Vertragsmustern. Freiburg; Berlin.

Renesse, J.-R. (2006): Dritter Abschnitt: Vereinbarungen über Leistungsangebote, Entgelte und Qualitätsentwicklung (§78a bis §78g). In Jung , H.-P. (Hrsg.): SGB VIII Kinder- und Jugendhilfe. Kommentar zum SGB VIII mit Schriftsatz- und Vertragsmustern. Freiburg; Berlin.

Roeske, C. (2003): Musiktherapie bei Störungen des Sozialverhaltens mit Aggressivität. In: Deutsche Gesellschaft für Musiktherapie (Hrsg.): Beiträge zur Musiktherapie, Heft 408 09/2003. Berlin.

Schäfer, M. (1976): Musiktherapie als Heilpädagogik bei verhaltensauffälligen Kindern. Frankfurt am Main.

Schwabe, C.; Haase, U. (1998): Crossener Schriften zur Musiktherapie Band VII – Die Sozialmusiktherapie. Herausgegeben von der Akademie für angewandte Musiktherapie Crossen.

Seidel, A. (1992): Sozialpädagogische Musiktherapie. Anmerkungen zu einem Praxis- und Ausbildungskonzept. Musiktherapeutische Umschau 13, 298-306, Göttingen.

Seidel, A. (1996): Sozialwesen (Sozialarbeit/Sozialpädagogik). in: Decker-Voigt et al. (Hrsg.): Lexikon Musiktherapie. Göttingen; Bern; Toronto; Seattle.

Seidel, A. (2004): Geschichte des Fachs Musik in Studiengängen der Sozialen Arbeit an Fachhochschulen. in: Hartogh; Wickel (Hrsg.): Handbuch Musik in der Sozialen Arbeit. Weinheim und München.

Seifert, S. (2006): §27 Hilfe zur Erziehung. In: Jung , H.-P. (Hrsg.): SGB VIII Kinder- und Jugendhilfe. Kommentar zum SGB VIII mit Schriftsatz- und Vertragsmustern. Freiburg; Berlin.

Timmermann, T. (2003): Klingende Systeme. Aufstellungsarbeit und Musiktherapie. Heidelberg.

Vogelsänger, S. (1983): Zur Abgrenzung von Musiktherapie und Musikpädagogik. in: Decker-Voigt (Hrsg.): Handbuch Musiktherapie. Funktionsfelder, Verfahren und interdisziplinäre Verflechtungen. Lilienthal; Bremen.

Wagner, C. (2005): Freiberufliche ambulante Musiktherapie in Deutschland – Juristische und berufspolitische Hinweise. Musiktherapeutische Umschau 26, S.77-79, 179-181, 319-324, 391-307, Göttingen.

Weigel, N.; Seckinger, M.; van Santen, E.; Merkert, A. (1999): Freien Trägern auf der Spur. Analysen zu Strukturen und Handlungsfeldern der Jugendhilfe. München.

Wissmann, A. (2005): Die Vereinbarungen über Leistungsangebote, Entgelte und Qualitätsentwicklung. §77, 78 a bis 78 g SGB VIII. München; Hannover; Berlin; Weimar; Dresden.

Wölfl, A. (2006): Gewaltprävention mit Musik und Improvisation – ein Projektkonzept. Musiktherapeutische Umschau 27/3, 280-299, Göttingen.

Wormit, A. F; Hillecke, T. K.; Flach, S. M.; Bolay, H. V. (2001): Ambulante Musiktherapie. Ergebnisse der internen Datenerhebung 1999 des „Netzwerks ambulant und freiberuflich tätiger Musiktherapeuten". Musik- Tanz- und Kunsttherapie. Zeitschrift für künstlerische Therapien im Bildungs-, Sozial und Gesundheitswesen, 12. Jahrgang 2001 S. 166-170, Göttingen.

Wosch, T. (2001): Psychiatrische Einzelmusiktherapie als Modifikation von Leipziger Schule und Verstehender Psychiatrie. in: Decker-Voigt (Hrsg.): Schulen der Musiktherapie, München und Basel.

Zeuch, A.; Hänsel, M.; Jungaberle, H. (2004): Systemische Konzepte für die Musiktherapie. Spielend lösen. Heidelberg.